내 아이
강점 코칭

공부 태도가 저절로 바뀌는

내 아이 강점 코칭

유두진, 조소라 지음

midnight bookstore
심야책방

프롤로그

자기주도학습은 자기 이해에서 시작된다

"우리 아이는 왜 이렇게 말을 안 들을까요?"

20년 넘게 수많은 아이와 부모를 만나며 가장 자주 들은 질문이다. 학습적으로 어려운 부분을 함께 풀어가면서 나 역시 저 질문에 대해 늘 물음표로 마주했다. 공부 방법이 문제일까? 학습 환경이 문제일까? 아니면 부모의 양육 방식이 잘못된 걸까?

오랜 상담을 거치며 확신하게 된 한 가지 사실이 있다. 아이의 변화는 부모가 먼저 아이를 이해하는 것에서 시작된다는 점이다.

이 책을 쓰게 된 이유도 바로 여기에 있다. 많은 부모들이 자신과 아이, 그리고 배우자의 성향을 이해하게 된다면 불필요한 마찰이 줄어들고, 서로를 인정하며 성장할 수 있는 관계로 나아갈 수 있다는 믿음이 생겼기 때문이다.

성적표는 아이의 '일부'일 뿐이다. 종이 한 장에 담긴 숫자는 그저 아이가 살아가는 이야기 중 하나일 뿐, 아이의 세상을 온전히 담기엔 너무 작다. 그 속에는 아이가 가진 에너지의 양과 방향, 세상을 바라보는 시선, 사람들과 관계를 맺는 방식은 담겨 있지 않다.

부모의 시각에서는 아이가 "왜 저렇게 산만할까?", "왜 이렇게 느릴까?" 하고 쉽게 오해하거나 단정 짓기 쉽다. 하지만 '기질'이라는 안경을 끼면 우리는 전혀 다른 눈으로 아이를 바라보게 된다.

일부 부모들은 요즘 유행하는 MBTI를 통해 아이를 이해하려 한다. MBTI는 분명 흥미롭고 유용한 도구다. 하지만 MBTI가 알려주는 것은 주로 '지금의 나, 현재의 성향'을 설명하는 데 머무른다.

반면 '기질'은 다르다. '나는 이렇고, 너는 그렇구나. 그래서 이렇게 달랐구나. 그렇다면 우리가 어떻게 맞춰갈 수 있을까?'와 같은 대화를 가능하게 한다. 즉, 함께 살아가는 방법을 배우고, 서로의 다름을 다루는 지혜를 익히게 된다. 기질은 단순히 '나'를 이해하는 것을 넘어 '너와 나'를 연결한다.

이러한 차이는 교육 현장에서도, 가정에서도 확연히 드러난다. 다음은 아이의 기질에 따라 공부 의욕을 북돋아주는 방법이다.

다혈 기질 아이에게는 "재미있게 시작해보자"라는 말 한마디가 강력한 동기가 되고,

담즙 기질 아이에게는 "네가 주도해봐, 결과는 네 손에 달려 있어"라는 권한 위임이 필요하다.

우울 기질 아이는 기준과 자료가 있을 때 불안이 가라앉고,

점액 기질 아이는 습관이 자리 잡으면 천천히 움직이기 시작한다.

기질은 아이에게 맞는 공부법을 설명하는 단순한 심리학이 아니다. 아이의 삶 전체를 이해하기 위해 꼭 알아야 할 기초 프레임이다. 이 프레임은 아이뿐 아니라 부모 자신에게도 그대로 적용된다. 부모가 자신의 기질을 알게 되면 '내가 왜 자꾸 조급해지는지, 왜 아이에게 같은 잔소리를 반복하게 되는지'를 깨닫게 된다. 그 이후에는 아이와의 갈등이 단순히 '성격이 안 맞아서' 생기는 게 아니라 '기질이 다르기 때문'이라는 걸 새롭게 이해하고 자연스럽게 맞춰갈 수 있다.

그동안 15,000명이 넘는 아이들을 만나 코칭했다. 똑같은 공부를 시켜도 유독 힘들어하는 아이, 아무리 혼내도 변화가 없는 아이, 겉보기엔 멀쩡하지만 속으로 끙끙 앓는 아이까지 각자의 기질에 맞는 방법을 찾지 못해 헤매고 있었다.

이 책에는 그 과정에서 발견한 구체적이고 실질적인 솔루션들

을 담았다. 단순히 공부 습관이 좋은 아이들의 공통점을 나열하는 것이 아니라, 엉망이었던 공부 습관을 바로잡고 아이의 강점을 기반으로 극적인 변화를 만들어낸 가장 강력한 방법들을 전한다.

자기주도학습은 결국 자기 자신을 아는 것에서 출발한다. 내가 무엇을 좋아하고 싫어하는지, 무엇이 에너지를 채우고 소진시키는지를 아는 것이야말로 가장 깊은 자기 이해다. 기질은 자기 이해를 돕는 출발점으로, 부모가 아이의 기질을 이해하면 아이가 왜 그렇게 행동하고 어떤 방식이 맞는지를 알 수 있게 된다. 그래서 내 아이가 어떤 방식으로 동기부여가 되고, 어떻게 집중하고 다시 힘을 회복하는지와 같은 '최적화된 공부 방식'을 찾을 수 있고, 성적을 넘어 아이에게 꼭 맞는 성장 전략을 세울 수 있다.

부모가 바뀌면 아이는 변한다. 그리고 그 변화의 시작은 아이의 기질과 강점을 이해하고, 있는 그대로 받아들이는 것이다. 이 책이 바로 그 변화의 첫걸음이다.

우리 아이들이 누가 시키지 않아도 스스로 공부의 이유를 찾고, 실수해도 괜찮다고 느끼며, 세상 속에서 자신만의 색으로 당당히 살아갈 수 있기를 진심으로 바란다.

목차

3장
아주 작은 공부 습관부터 바꿔보자

4장
자기주도력이 높아야 진짜 공부가 된다

5장
공부 위기는 반드시 온다

1장

아이와 공부 갈등이 없는 집은 무엇이 다를까?

01

내 아이와 옆집 아이의 공부법이 달라야 하는 이유

기질 이론의 기원은 약 2500년 전 고대 그리스의 의학자 히포크라테스(Hippocrates)로 거슬러 올라간다. 그는 인간의 몸과 마음이 '피, 황담즙, 흑담즙, 점액'이라는 4가지 체액의 균형에 따라 달라진다고 보았으며, 이 비율의 차이가 사람마다 성향과 행동을 결정한다고 설명했다.

이후 이 이론은 단순한 의학적 개념을 넘어 인간의 기질과 성격을 이해하는 기본 틀로 발전했다. 오늘날에는 체액 대신 타고난 '에너지의 흐름과 감정 반응 방식'에 주목해 새롭게 해석되고 있다. 기질은 쉽게 바뀌지 않는 타고난 성향으로, 어릴 때부터 드러나며 아이를 키우고 가르치는 데 중요한 기반이 된다.

이 이론이 흥미로웠던 이유는 막연히 오래된 학문이어서가 아니라, 지금 내 눈앞의 아이를 이해하는 열쇠처럼 느껴졌기 때문이었다. '놀자 기질교육연구소' 신우석 소장님을 통해 4가지 기질(다혈, 담즙, 점액, 우울)에 대해 배우게 되었고, 무엇보다 이 이론을 우리 집 아이들에게 직접 적용해 보면서 놀라운 깨달음을 얻었다.

'첫째 아이는 내 말을 안 듣는 게 아니라, 누가 시키는 대로 하기보다 스스로 확인하고 움직여야 마음이 놓이는 아이였구나.'

'둘째 아이는 혼이 나면 자신을 탓하기보다, 감정이 확 올라와서 억울한 감정이 먼저 드는 아이였구나.'

그 순간부터 아이를 보는 시선은 완전히 달라질 수밖에 없었다. 과거에 아이가 잘못을 하면 훈육으로 바로잡아야겠다는 생각이 먼저 들었는데, 아이가 왜 그렇게 말하고 행동을 했는지가 보이고 이해되기 시작했다. 아이를 바라보는 시선이 달라지자 말도 자연스럽게 달라졌다. 무심한 말 대신 아이에게 와닿는 방식으로 말을 건네게 되었고, 간혹 감정적으로 반응하던 순간에도 잠시 멈출 수 있게 되었다. 그 변화가 관계를 훨씬 편안하게 만들었다.

그 이후, 많은 아이들에게 이 이론을 적용하며 쌓인 결과는 놀라웠다. 동기부여, 공부 습관, 피드백 방식까지 모두 기질에 따라 달라져야 했고, 그것을 바꾸지 않으면 아무리 좋은 공부법도 오래 가지 않는다는 사실을 깨달았다.

기질과 MBTI의 차이

요즘 부모와 아이들 사이에서 성격유형검사 MBTI가 하나의 유행처럼 자리 잡았다. 성향을 재미있게 알아볼 수 있고, 친구들 사이에서 대화 소재로도 자주 활용된다. 하지만 MBTI는 어디까지나 '현재의 나'를 설명하는 도구에 가깝다. 사람의 성향은 환경, 발달단계, 경험에 따라 달라질 수 있으며, 상황에 따라 행동도 달라진다.

반면 '기질'은 태어날 때부터 가지고 있는 에너지의 방향과 욕구의 본질을 담고 있다. 쉽게 말해 MBTI가 성격의 겉모습을 보여주는 사진이라면, 기질은 그 사람의 뿌리를 비추는 엑스레이와 같다.

MBTI는 '나는 어떤 성향을 가졌는가?'에 초점을 맞춘다. 반면, 기질은 '나는 이런데, 너는 다르구나. 그렇다면 우리가 어떻게 맞춰갈 수 있을까?'라는 '관계의 언어'를 제공한다. MBTI는 나를 이해하는 데 도움이 되지만, 기질은 나와 타인을 이해하고, 관계를 조율하는 데 실질적인 힘을 발휘한다. 교육 현장, 부모와 자식 관계에서는 이 차이가 더욱 중요하게 드러난다.

예를 들어 MBTI 검사에서 두 아이가 모두 외향형(E)으로 나왔다고 가정해보자. 성향만으로는 두 아이의 차이를 알기 어렵지만, 기질로 살펴보면 확연히 구분된다. 한 아이는 다혈 기질로, 밝고 즉흥적이며 흥미가 있어야 동기가 생기는 타입이다. 반면 다른 아이는 담즙 기질로, 목표 지향적이고 주도권을 갖고 싶어 한다.

겉보기엔 둘 다 활발하고 리더십이 있어 보이지만, 이들에게 동일한 공부법을 적용하면 결과는 전혀 다르게 나타난다. 다혈 기질 아이는 처음에 의욕적으로 따라오다가도 반복되는 계획에 금세 흥미를 잃고 산만해지기 쉽다. 반면 담즙 기질 아이는 정해진 계획을 빠르게 소화하지만, 기준을 스스로 끌어올리며 무리한 목표를 세워 조급해지거나 쉽게 지칠 수 있다.

즉, MBTI는 현재의 성향을 파악해 '나는 이런 사람이라는 정도'만 보여줄 뿐이다. 반면 기질은 그 성향의 바탕이 되는 에너지, 동기의 원천, 반응 방식의 차이를 알게 해준다. 부모가 기질을 이해하면 "왜 저렇게 행동할까?"라는 의문이 "아, 그건 이 아이의 기질적 욕구 때문이구나"로 바뀌면서 단정적인 판단 대신 이해하고 전략을 세울 수 있게 된다.

그래서 기질은 단순한 심리 검사 이상의 의미를 가진다. 기질은 아이를 이해하는 새로운 안경이고, 그 안경을 먼저 써야 비로소 진짜 '맞는 공부법'이 보인다. 이 안경을 쓰기 전에는 아이의 행동이 그저 산만해 보이거나, 고집스럽거나, 의지가 부족해 보일 수도 있다. 하지만 기질이라는 안경을 한 번 쓰고 나면, 아이만의 방식과 강점이 있다는 것을 알아차리게 된다.

내 아이의 기질을 판단하는 법

전문가에게 기질 검사를 하고 그 결과를 바탕으로 나와 아이에게 맞는 방법을 컨설팅 받는 것이 가장 효과적이긴 하다.

하지만 부모가 조금만 신경 쓴다면, 일상 속 관찰만으로도 아이의 기질을 상당히 정확하게 파악할 수 있다. 기질은 성격처럼 쉽게 변하지 않기 때문에 아이가 반복적으로 보이는 행동과 습관 속에 그 단서가 숨어 있다. 다음은 가정에서 아이의 기질을 살필 때 주목할 만한 관찰 포인트들이다.

1. 에너지가 흘러가는 방식을 본다.

다혈 기질 아이는 말이 많고 즉흥적이며, 재미있는 자극에 빠르게 반응한다. 집에서도 목소리가 크고, 무언가를 설명하거나 친구와 노는 걸 즐긴다.

담즙 기질 아이는 자기 의견이 뚜렷하고 주도하려는 성향이 강하다. 놀이 상황에서도 "내가 할게!"라며 리더 역할을 자처하고, 규칙을 정하거나 결과를 중시한다.

우울 기질 아이는 에너지가 내면으로 향하는 경우가 많다. 겉으로는 조용해 보이고, 속으로는 생각이 깊고 상황을 세밀하게 분석한다. 새로운 활동에 바로 뛰어들기보다는 한발 물러서 관찰하며,

기준이 명확해져야 비로소 움직인다. 감정 표현이 크지 않지만, 내면의 긴장과 불안이 에너지를 많이 소모시키는 편이다.

점액 기질 아이는 에너지가 크게 요동치지 않고 안정적으로 흐른다. 감정 기복이 적고, 새로운 자극에도 급하게 반응하기보다는 차분히 받아들인다. 처음엔 소극적으로 보일 수 있으나, 일단 익숙해지고 자신만의 속도가 만들어지면 꾸준함과 지속력에서 강점을 보인다. 큰 목소리로 주도하거나 즉각적인 반응을 보이진 않지만, 주변을 편안하게 만드는 에너지를 가지고 있다.

2. 낯선 상황이나 실패에 대한 반응을 관찰한다.

다혈 기질 아이는 새로운 상황에 호기심을 보이고, 처음엔 가볍게 도전하는 편이다. 하지만 준비 없이 덤비다 보니 예상치 못한 실패를 겪으면 금세 흥미를 잃거나 "에이, 몰라!" 하며 상황을 웃어 넘기고 그 상황에서 뒤로 빠질 수 있다. 실패 자체보다는 분위기와 감정에 더 크게 영향을 받는다.

담즙 기질 아이는 낯선 상황에서도 비교적 두려움보다는 통제 욕구가 먼저 나온다. 새로운 과제에 부딪히면 "이건 이렇게 하면 되잖아"라며 주도하려는 태도를 보이기도 하고, 문제를 정복하려는 성향이 강하다. 하지만 계획대로 되지 않거나 통제가 어렵다고 느끼면 짜증을 내거나 상대를 탓하는 식으로 반응할 수 있다.

우울 기질 아이는 새로운 상황에서 신중하고 불안을 느끼는 경우가 많다. 과제를 시작할 때 기준이나 예시가 없으면 주저하고, 실수에 예민하게 반응한다. 낯선 상황에서는 충분한 준비와 체계가 있어야 마음이 안정되며, 실패했을 때는 지나치게 자책하기도 한다.

점액 기질 아이는 조급함이 적고, 새로운 일에 바로 뛰어들기보다 한발 물러서 관찰한 뒤 천천히 움직인다. 낯선 환경에서도 크게 동요하지 않지만, 변화를 좋아하지 않다보니 적응하는 데 시간이 걸리며 익숙한 루틴을 선호한다. 실패했을 때도 감정적으로 크게 반응하기보다 '다음에 하면 되지' 하며 차분하게 받아들이는 경우가 많다.

3. 일상에서나 공부할 때 행동 패턴을 관찰한다.

다혈 기질 아이는 재미로 새로운 공부를 시작하지만 지속력이 약할 수 있다. 담즙 기질은 목표를 세우면 추진력이 강하지만, 간섭을 받으면 반발심이 커진다. 우울 기질은 계획적이고 꼼꼼하지만 시작까지 시간이 걸리는 편이며, 점액 기질은 안정된 환경에서 꾸준히 반복하는 힘이 있다.

4. 말투와 감정 표현 방식을 본다.

다혈 기질 아이는 감정 표현이 크고 추임새와 감탄사가 많으며, **담즙 기질**은 단정적이고 지시형 어투를 자주 사용한다. **우울 기질**은 '괜찮을까?', '혹시…'처럼 조심스럽고, **점액 기질**은 짧고 느긋하게 말하며 감정을 크게 드러내지 않는다.

관찰을 통해 주된 기질을 파악할 때는 4가지 기질로만 규정하기보다는 아이의 가장 두드러진 에너지의 흐름을 중심으로 이해하는 것이 중요하다. 아이의 일상 속 말투, 반응, 습관은 기질의 '지도'와 같으며, 부모가 그 지도를 읽을 수 있을 때 아이와 소통하고 적절한 공부법을 찾는 길이 쉬워진다.

02

아이의 세계 들여다보기

아이들은 저마다 다른 방식으로 세상을 느끼고 배우며 성장한다. 그 차이는 바로 기질에서 비롯되는데, 기질을 이해하면 아이의 행동과 반응을 더 잘 이해할 수 있다. 다혈, 담즙, 우울, 점액 4가지 기질을 살펴보면서 우리 아이에게 무엇이 필요한지 알아보자.

다혈 기질: "재미있게 시작해보자" 사랑받아야 움직이는 아이

다혈질은 흔히 '신난다'는 표현으로 쉽게 떠올릴 수 있는 기질이다. 말이 빠르고 손이 먼저 움직이며, 눈빛을 자주 반짝이고 잘 웃는다. 다혈질 아이는 어떤 활동을 하든 즐거움과 즉각적인 반응을 중심으로 움직이며, 조용히 생각하기보다 말하는 것을 좋아하고 타인과 소통하는 과정에서 에너지를 얻는다. 다혈질 아이의 특징을 살펴보자.

1. 감정의 표출이 빠르고 직접적이다.

좋으면 바로 웃고, 싫으면 금세 표정이 굳는다. 감정을 억누르기보다 느끼는 그대로 표정과 말에서 드러난다. 기분이 좋을 때는 주변까지 환하게 밝히지만, 반대로 기분이 가라앉으면 의욕이 급격히 떨어지고 생기도 금세 사라진다.

또한 어떤 일에 몰입하다가도 금방 관심이 다른 곳으로 옮겨가 집중력이 부족해 보이기도 한다. 겉보기에는 산만해 보일 수 있지만, 그 속에는 '풍부한 호기심'과 '자극에 대한 높은 민감성'이 자리하고 있다.

2. '사람 중심'의 사고를 한다.

생기 있고 긍정적 에너지를 뿜어 첫인상에서 매력적이라는 평가를 자주 받는다. 새로운 환경에도 빠르게 적응하고 친구를 쉽게 사귀며, 낯을 가리지 않는 편이다. "학교가 재밌다", "수업시간에 친구와 웃다가 혼났다"는 말을 자주 하는 이 아이는 수업 시간에도 오히려 친구들과의 상호작용을 통해 더 많이 배우려는 모습을 보인다. 또래와 함께하는 활동에 자연스럽게 어울리고, 학교 선생님이나 부모의 기분을 빠르게 감지해 반응하기 때문에 센스가 뛰어나며, 교실에서는 '인싸'라고 불리곤 한다.

사회적 센스가 타고난 이 아이는 주어진 과제보다 사람과의 관계를 더 중요하게 여기며, 결과보다는 분위기를 먼저 살핀다. 이러한 특성은 대인 관계에서 탁월한 감각으로 작용하지만, 때로는 주변의 반응에 지나치게 영향을 받기도 한다.

3. 행동이 빠르고 말이 많다.

즉흥적이고 분위기 메이커 역할을 한다. 생각을 먼저 머릿속에서 정리한 뒤 말하기보다, 말하면서 자신의 생각을 정리하고 몸을 움직이며 개념을 익히는 경향이 있다. 이런 아이는 혼자 조용히 책상에 오래 앉아 있기보다, 서로 의견을 주고받고 실제로 경험하는 과정에서 더 잘 배운다. 무언가를 직접 해보는 '체험형 학습'에 잘 반응하는 이유도 바로 여기에 있다.

4. 쉽게 지루해하고, 변화를 좋아한다.

다혈 기질은 '흥미 유발'이 중요하다. 흥미가 생기면 누구보다 열정적으로 몰입하지만, 관심이 떨어지면 눈에 띄게 집중력이 약해진다. 처음에는 새로운 노트, 새로운 계획표, 새로운 책에 반응을 보이지만, 기대가 일상이 되면 쉽게 흥미를 잃고 흐지부지되기도 한다.

그래서 이 아이는 학습에서 '지속성'과 '끈기'가 극복해야 할 과제가 된다. 이 기질은 학습뿐만 아니라, 모든 일상이 이렇다. 지루함을 견디는 힘이 약한 편이며, 흥미가 사라지면 집중력도 함께 약해진다. 그래서 다혈질 아이에게는 재미없는 '반복'보다는 '변화', 한결같은 '일관성'보다는 '다양성'이 효과적인 자극이 된다.

5. 이 기질의 핵심은 '사랑'이다.

다혈 기질은 이성보다 감정이 먼저 움직이기 때문에 '이거다!' 하고 느낌이 오거나 마음이 크게 동할 때 행동도 빠르고 열정적으로 따라온다. 이들은 규칙보다 '동기', 계획보다 '상황'을 더 중요하게 여긴다. 또한 '사랑받고 있다'는 확신이 들 때 비로소 마음의 안정이 찾아온다. 따라서 부모가 이 아이를 지도할 때는 엄격한 훈육보다 공감 기반의 피드백이 훨씬 효과적이다.

다혈질 아이의 특징은 자기주도학습 방식과 학습 태도에도 영향을 준다. 특히 '재미있어야 공부가 된다'는 마인드가 강해 흥미를 잃은 과목이나 활동에서는 속도가 급격히 떨어지기도 한다. 하지만 반대로 '흥미 포인트'를 잘 활용하면 누구보다 빠르게 자기만의 방식으로 학습을 확장해나갈 수 있는 유형이기도 하다.

이때 부모는 아이가 금방 싫증을 내거나 계획을 잘 지키지 못할 때 "왜 이렇게 산만해?", "집중력이 없어"라고 혼내기보다, 아이 기질의 특성을 먼저 이해하는 것이 중요하다. 그래야 아이에게 맞는 학습 환경을 만들고, 동기부여를 해줄 수 있다.

꼭 기억해야 할 점은 다혈질은 산만한 아이가 아니라, '세상을 자유롭게 보는 아이'라는 것이다. 아이의 세계는 아직 다듬어지지 않았을 뿐 다양한 가능성과 연결되어 있으며, 무에서 유를 만들어낼 수 있는 능력이 있다. 이 가능성을 어떻게 지지하고 이끌어 주느냐에 따라 자기주도학습이 지시와 통제가 아니라, 올바른 방향 제시와 관계 안에서 이루어질 수 있다.

담즙 기질: "결과는 내가 낸다"
목표가 있으면 돌진하는 리더형 아이

담즙질은 흔히 '불같다'는 표현으로 기억되는 기질이다. 이 기질을 가진 아이는 어릴 때부터 목표 지향적이고, 빠르게 판단을 내리며 결단력이 강한 편이다. 자신의 생각과 의지를 분명히 표현하고, 어려운 상황에서도 두려움 없이 나아가는 경향이 있다.

담즙질은 4가지 기질 중 '리더 기질'로 불리며, '결과와 효율'을 중심으로 움직인다. 목표가 명확하지 않으면 흥미를 느끼지 못하고, 결과가 없으면 쉽게 지친다. 하지만 일단 목표를 세우고 몰입하면 놀라운 집중력과 추진력을 발휘한다.

무언가를 하거나 공부를 할 때도 '왜' 해야 하는지 이유를 먼저 알고 싶어 하고, 목적이 분명하면 혼자 계획을 짜고 척척 실행한다. 누가 시켜서 하기보다는 스스로 기준을 세우고 그 기준을 넘어서려는 내적 동기가 크고, 자기주도학습을 가장 먼저 몸으로 실천하는 유형이다. 담즙질 아이의 특징을 살펴보자.

1. 목표 지향적이고 리더십이 있다.

목표를 달성하기 위해 계획을 세우고 실천하는 데 능숙하다. 자연스럽게 리더 역할을 하며, 또래 집단에서 중심 역할을 맡는 경우가 많다.

학교 프로젝트나 팀 활동에서 주도적으로 역할을 나누고 방향을 제시하는 모습을 보인다. 책임감이 강해 학급에서 임원이나, 조에서 조장 역할을 자주 맡는 아이들 중에 이런 기질이 많다. 남의 지시를 따르기보다는 스스로 지시하고 이끌려는 성향이 강하기 때문이다.

친구들 사이에서는 '까칠하다', '성격이 세다'라고 오해받기도 하지만, 사실 감정보다 목표를 중요하게 생각하는 성향일 뿐이다.

2. 자기 통제력이 높고 책임감이 있다.

보통 어른이 되면서 나이나 환경에 따라 만들어지는 책임감도 있지만, 담즙질의 아이는 태생이 자신의 행동과 결과에 대한 책임을 지려는 경향이 강하다.

실수나 실패를 경험하더라도 이를 교훈으로 삼아 다음에는 더 나은 결과를 만들고자 한다. 또한 규칙과 원칙을 중시하지만, 남이 아닌 자신이 세운 기준에 따라 행동하려는 경향이 있어 때로는 개인주의나 이기주의로 보일 수도 있다.

담즙질 아이는 부모의 기대가 아니라, 자신의 기대를 채우기 위해 노력한다. 그러나 그 노력이 지나치면 자신을 압박하며 부담감을 필요 이상으로 느낄 수 있다. 그래서 힘들어할 때는 어설픈 위로나 추상적인 격려보다는 '이번 실수에서 무엇을 배웠는지'와 '다음 해야 할 일에서 적용할 수 있는 포인트'를 구체적으로 이야기해 주는 것이 더 효과적이다.

3. 경쟁심과 성취 욕구가 강하다.

담즙질 아이는 경쟁 상황에서 동기부여가 되며, 자신의 능력을 시험하고 싶어 하는 욕구가 강하다. 시험이나 대회처럼 결과가 수치화되는 환경에서 몰입도가 높아지고, 그 안에서 성취감을 느낀다.

이때 아이는 그냥 '잘하고 싶다'가 아니라 '확실하게 해내고, 인정받고 싶다'고 생각한다. '남보다 앞서고 싶다'는 경쟁심과 '이전의 나를 넘어서고 싶다'는 성장 욕구가 동시에 있는 경우가 많다. 그래서 스스로 기준을 높이며 끊임없이 도전하지만, 그 기준이 지나치게 높으면 남들이 보기에는 충분히 잘 해냈음에도 불구하고 스스로 낙담하는 일이 종종 생긴다.

자기 평가에 엄격한 성향은 때로 강한 추진력이 되지만, 반대로 감정적 탈진으로 이어질 수 있다는 점도 염두에 두어야 한다.

담즙질 아이는 '칭찬'보다는 '도전 과제'에 더 크게 반응한다. 이때 단순히 "잘했어"보다는 "이번 점수가 아쉬우면 다음번에는 이런 방법으로 해보는 건 어때?"처럼 기준을 제시해주고, 그 기준을 넘는 경험을 쌓게 해주는 것이 훨씬 효과적이다. 학습을 할 때도 '현재의 나'를 기준으로 '한 단계 더 높게'라는 목표를 설정할 수 있도록 도와주는 방식이 가장 잘 맞는다.

4. 감정 표현이 직설적이고 의지가 강하다.

스스로 옳다고 믿는 가치나 원칙을 쉽게 꺾지 않으며, 그 안에는 강한 의지와 주관이 자리 잡고 있다. 상대방이 이해하지 못하거나 동의하지 않더라도, 자신의 판단을 밀고 나가려는 경향이 강하다. 이러한 성향은 때로는 고집처럼 보이기도 하지만, 그 밑바탕에는 '이 방향이 옳다'는 자기 믿음과 책임의식이 자리한다.

생각을 비교적 주저 없이 드러내며 표현 방식도 직설적이고 단호한 경우가 많다. 이런 특성은 명확한 의사소통이라는 장점으로 작용하지만, 감정의 수위 조절이나 말투에 따라 주변 사람들과 갈등을 초래할 가능성도 있다. 따라서 감정을 솔직하게 표현하되, 상대에게 전달되는 방식과 타이밍, 상황을 함께 고려하는 법을 익히는 것이 중요하다.

강한 의지는 분명 큰 자산이지만, 그 의지가 다른 사람과의 관계를 밀어내는 방식이 아니라, 소통을 이어가는 다리처럼 작용할 수 있도록 조율될 때 더 건강하게 빛날 수 있다.

5. 시간을 매우 중요하게 여긴다.

담즙질 아이에게 시간은 성과와 결과로 이어져야 하는 매개체다. 그래서 느슨하고 비효율적인 과정을 참지 못하며 '시간을 낭비했다'고 느끼는 순간 강한 스트레스를 받는다. 단순히 집중했는지가 아니라 '집중해서 무엇을 해냈는지' 즉 눈에 보이는 결과가 무엇인지가 중요하다.

이 아이는 "왜 이걸 배워야 해요?"라는 질문을 자주 하는데, 반항적인 마음에서 나오는 것이 아니라, 그 공부가 자신에게 어떤 이익과 효과를 줄 수 있는지를 납득해야 움직이는 기질 때문이다. 의미 없는 반복이나 결과 없는 노력에는 큰 피로감을 느끼지만, 자신이 설정한 목표나 기준과 연결된 활동에는 강한 추진력을 발휘한다.

담즙질 아이는 고집 센 아이가 아니라 '자기만의 방향을 가진 아이'라는 점을 기억해야 한다. 이미 '방향성'이라는 연료를 품고 달리고 있기 때문에 확신이 서면 스스로 밀어붙일 줄 안다. 따라서 담즙질 아이를 둔 부모의 역할은 아이를 끌고 가는 것이 아니라, 앞만 보고 달릴 때 네비게이션처럼 방향을 점검하고 속도를 조절해 주는 것이다. 이 아이는 이미 스스로 높은 기준을 세우고 있다. 따라서 아이가 넘어졌을 때 더 자극하기보다 기대어 숨 쉴 수 있는 존재가 되어주는 것이 진정한 지지다.

우울 기질: "완벽하게 하고 싶어"
느리지만 깊게 파고드는 신중형 아이

우울질은 '감정이 깊고, 생각이 많다'는 말로 요약할 수 있다. 여기서 말하는 우울 기질은 근심스럽거나 답답하여 활기가 없는 '우울한 감정 상태'를 의미하는 것이 아니라, 깊이 있고 매사가 조심스럽다는 것을 의미한다. 모든 자극에 빠르게 반응하는 다혈질과 달리, 우울질은 그 의미를 곱씹고 자신 안에서 충분히 소화한 뒤에야 움직인다.

겉으로는 조용하고 내성적인 모습이 두드러지지만, 이 기질을 단순히 '조용한 아이'로 이해하면 그 안에 자리한 정교하고 풍부한 내면 세계를 놓치게 된다. 우울질 아이의 특징을 살펴보자.

1. 느리지만 깊게 생각한다.

우울질 아이는 학습 속도나 반응이 빠른 편은 아니다. 질문을 받으면 곧바로 대답하기보다, 한참 생각한 뒤에야 말문을 연다. 즉흥적으로 말하기보다는 정확하고 완성도 있는 답을 하려는 경향이 있기 때문이다. 대답을 하기도 전에 머릿속에서 '이게 맞는 말일까?', '이렇게 말하면 오해받지 않을까?'를 여러 번 검토한다. 그래서 부모 입장에서 볼 때는 '왜 이렇게 대답이 느리지?', '왜 자꾸 망설이지?'라고 느낄 수 있지만, 아직 생각을 정리하는 중일 수 있다.

이러한 아이는 감정이나 생각이 정돈되지 않으면 쉽게 움직이지 않고, 잠시 멈추는 쪽을 택한다. 그래서 겉보기엔 '게으르다'거나 '의욕이 없다'는 인상을 줄 수도 있지만, 실제로는 충분히 준비된 뒤에 움직이려는 기질적 특성이 작용하고 있는 것이다. 한번 말하거나 행동할 때는 그 안에 이미 오랜 시간 다듬고 숙고한 생각이 담겨 있다.

2. 감수성이 높고 자기비판 경향이 있다.

우울질 아이는 외부 자극과 내면 반응에 둘 다 민감하다. 누군가가 했던 말, 자신이 했던 행동 하나하나를 오랫동안 기억하고 되짚는 경향이 있다. 별말 아닌 말에도 신경 쓰이다 보니, 외부 자극이 크게 다가오고 마음에 오래 남는 스타일이다. 이런 특성 때문에 사람들과의 관계에서 상처를 쉽게 받기도 하고, 때로는 그 상처를 자기 탓으로 돌리기도 한다. '내가 뭘 잘못했지?', '왜 나만 뒤처지는 것 같지?'와 같은 내면의 목소리를 자주 경험한다.

칭찬도 오래 기억하지만, 실수나 지적 또한 쉽게 잊지 못한다. 작은 실수도 크게 받아들이며, 자신을 과하게 비난하는 경향이 있다. 이 아이가 "나 같은 애가 뭘 해", "나는 못해"라는 말을 자주 하는 것은 게으르거나 자신감이 없는 게 아니라, 조심스럽고 자기 검열이 많은 아이의 표현 방식일 수 있다.

우울질 아이는 비교 중심의 내면 대화를 자주해서 '다들 행복한데 왜 나만 불행하지?', '이 정도도 못하는 나는 문제가 있는 걸까?'와 같은 생각으로 이어지기 쉽다. 특히 일이 잘 안 풀리는 같은 상황을 두고 보더라도 담즙질 아이가 '다음에 이 부분만 보완하면 돼'라고 생각한다면, 우울질 아이는 '나는 원래 이런가 봐…' 하면서 자신을 탓할 수 있다.

그래서 이 아이에게 중요한 것은 '실수에 대한 관점 전환'이다. 실수를 부끄러운 결과가 아니라 성장의 과정 일부로 받아들이고, 자신을 따뜻하고 다정하게 바라보는 태도를 기르는 것이 필요하다.

3. 감정 표현이 적고, 혼자 있는 시간이 필요하다.

우울질 아이는 혼자 있는 시간과 공간이 꼭 필요하다. 이 시간은 휴식이기도 하지만, 머릿속 정보를 정리하고 마음을 재정비하는 시간이다. 친구와 잘 어울리지 않는다고 해서 문제가 있는 아이로 단정 짓기보다, 혼자 있는 순간을 통해 에너지를 회복하고 있다는 점을 이해할 필요가 있다.

이러한 아이는 혼자 있는 걸 좋아하지만, 아이러니하게도 외로운 건 싫어한다. 사람들과 어울리고 싶어 하면서도, 그 관계에서 상처받을까 봐 쉽게 마음을 열지 못한다. 친구를 사귀면 폭넓게 지내기보다는 소수의 친구와 깊은 관계를 맺는 경우가 많고, 여럿이 함께하는 자리보다는 한 사람과 진득하게 대화하는 시간을 더 선호한다.

또한 감정을 잘 드러내지 않는다. 울지 않아도 속상할 수 있고, 기분이 좋아도 웃지 않을 수 있다. 또 수업이나 모임에 참여하는 방식도 말이나 질문을 많이 하지 않아도 늘 같은 자리에 앉아 있거나, 상대의 말을 잘 경청한다. 그래서 이 아이와의 관계에서는 겉으로 드러난 반응보다 내면의 신호를 읽는 것이 중요하다.

4. 완벽주의적 성향이 있고, 책임감이 강하다.

우울질 아이는 자신에게 매우 높은 기준을 세우는 경향이 있다. 그러나 그 기준에 도달하지 못할까 봐 두려워 일의 시작을 미루는 경우도 많다. 과제를 할 때도 대충 넘기기보다는 오랫동안 고민하고 다듬으며 완성도를 높이려 한다. 이러한 완벽주의 성향은 정밀함이 요구되는 일에서는 큰 강점이 되지만, 속도가 중요한 상황에서는 오히려 불안과 스트레스를 유발할 수 있다.

또한 이 아이들은 실패를 크게 받아들이는 경향이 있어, 한 번의 실수에도 '나는 무능하다'는 자기 비하로 이어지기 쉽다. 따라서 부모의 피드백은 결과보다 과정과 노력에 초점을 맞추는 것이 중요하다. "이거 하느라 정말 고생 많았어"처럼 아이의 노력과 성실함을 인정하는 말이 큰 힘이 된다.

이 기질 아이는 특히 '존중받고 있다'는 느낌을 매우 중요하게 생각한다. 무시당하거나 비교당하거나 성급하게 판단받을 때 가장 큰 스트레스를 받는다. 그러므로 부모는 지지적이고 수용적인 태도로 아이를 대하는 것이 좋다. "괜찮아, 사람마다 속도는 다른 거야"라는 한마디가 이 아이에게는 깊은 위로와 안정감을 줄 수 있다.

5. 계획과 예측을 중시하는 신중함이 있다.

우울질 아이는 변화를 즉흥적으로 잘 받아들이기보다, 미리 준비하고 예측하는 과정에서 안정감을 느낀다. 수학 시험을 본다면 한 달 전부터 범위를 나누어 공부 계획을 세우고, 여행을 간다면 며칠 전부터 가방 속 물건을 꼼꼼히 점검하는 식이다.

이들은 새로운 일을 시작할 때 '무엇을 해야 할지'뿐만 아니라 '새로운 상황이 생기면 어떻게 대처해야 하는지'까지 세세하게 계획한다. 플랜 B, C, D를 만들어 두는 것도 이런 이유에서다. 예상치 못한 상황이 생기면 당황하거나 불안하기 때문이다.

계획이 틀어졌다고 자신의 능력이 부족하다고 생각하지는 않지만, 불안도가 높아질 수 있기 때문에 준비에 준비를 거듭하며 대비하려 한다. 따라서 변화가 예고되어 있다면 환경에 빠르게 적응하기를 바라기보다 미리 알려주고 준비할 수 있는 시간을 주는 것이 좋다. 이렇게 하면 우울질 아이는 '변화를 통제할 수 있다'는 확신을 가지고, 보다 안정된 마음으로 새로운 상황에 적응할 수 있다.

우울질 아이가 조용한 것은 방관이 아니라 관찰이고, 느린 것은 게으름이 아니라 정밀함이며, 말수가 적은 것은 생각이 없어서가 아니라 단어 하나에도 무게를 두기 때문이다. 이러한 특성을 이해하고 아이의 기질에 맞는 학습법을 찾아준다면, 가장 조용한 아이가 오히려 가장 정교하고 깊이 있는 방식으로 자신의 길을 만들어 갈 수 있다.

점액 기질: "갈등 없이 오래 가자"
기복 없이 안정감을 추구하는 끈기형 아이

점액질은 4가지 기질 중 가장 차분하고 안정적이다. 겉으로 눈에 잘 띄지 않고 감정의 기복이 적으며, 어떤 집단에서도 무난하게 어울린다. '무던하다', '느긋하다', '얌전하다', '잘 참는다'라는 말을 자주 듣지만, 이 기질을 단순히 '소극적'이거나 '의욕이 없는' 성향으로 오해해서는 안 된다.

점액질 아이는 크게 흥분하지도 깊이 낙담하지도 않으며, 잔잔한 호수처럼 자신만의 속도로 천천히 그러나 꾸준하게 움직인다. 내면에는 안정적인 힘과 오래 지속되는 에너지를 가지고 있고, 주목받는 것보다 평화롭고 예측 가능한 환경을 선호한다.

감정을 겉으로 잘 드러내지 않기 때문에 다른 기질 아이들보다 부모가 속마음을 알아차리기 어려울 때도 있다. 그러나 이 아이는 자신만의 고집과 기준이 분명하고, 남을 배려하며 질서를 지키려는 태도가 배어 있다. 이런 태도를 꾸준히 유지하는 힘 또한 매우 크다. 급하게 움직이지는 않지만, 결국 멀리까지 나아가는 아이가 바로 점액질이다. 점액질 아이의 특징을 살펴보자.

1. 자극보다 안정, 변화보다 일관성을 선호한다.

점액질 아이는 새로운 자극보다는 익숙한 환경에서 편안함을 느낀다. 처음 가는 장소, 처음 보는 문제, 예고 없는 변화 앞에서는 긴장하거나 소극적으로 반응할 수 있다. 그러나 한번 익숙해지면 누구보다 꾸준하고 실수 없이 과제를 완수한다.

이 기질은 '계획된 틀' 속에서 강점을 발휘한다. 같은 시간, 같은 장소, 같은 순서로 반복되는 일상은 점액질 아이에게 안정감을 주고, 효율도 높인다. 반대로 예고 없이 바뀌는 일정이나 빠른 결정을 요구하는 상황에서는 당황하거나 거부감을 보일 수 있다. 이는 변화 자체가 싫어서가 아니라, 익숙한 패턴 속에서 심리적 안전을 확보하는 기질이기 때문이다.

그래서 부모가 할 수 있는 일은 변화를 주지 않는 것이 아니라, 변화가 있을 때는 예고하고 충분한 준비 시간을 주는 것이다. 예를 들어 "이번 주 토요일은 오전에 외출이 있어. 전날에 준비할 게 뭐가 있을까?"를 미리 알려주면, 아이는 갑작스러운 변화를 '통제 가능한 상황'으로 인식하게 된다. 이렇게 하면 불필요한 저항 없이 안정적으로 대응이 가능하다.

2. 감정을 내세우지 않고, 갈등을 피하려는 성향이 있다.

점액질 아이는 자신의 감정을 쉽게 드러내지 않는다. 화가 나도 참고, 속상해도 표현하지 않아 주변에서는 "얘는 괜찮을 거야", "얘는 별로 예민하지 않아"라고 오해받기도 한다. 하지만 이것은 감정이 없는 것이 아니라, 굳이 감정을 드러내서 상황을 악화시킬 필요 없다고 판단하는 것이다.

이 아이는 다혈처럼 감정을 폭발시키거나 담즙처럼 정면으로 맞서기보다, 갈등의 기미가 보이면 먼저 피하거나 조용히 물러나는 방식을 택한다. 사람 사이의 갈등을 특히 힘들어하며, 가능한 한 평화를 유지하려 한다. 그래서 친구가 많고 무난한 인간관계를 유지하지만, 속마음을 깊이 나누는 친구는 많지 않다.

또한 점액질 아이는 가족이라 하더라도 부담을 주거나 분위기를 흐리는 것을 꺼린다. 따라서 부모는 문제가 생겼을 때 아이가 먼저 도움을 요청하기를 기다리기보다, 미리 편안하게 소통할 수 있는 창구를 열어두는 것이 중요하다. 이렇게 해야 아이가 마음의 문을 천천히, 그러나 확실하게 열 수 있다.

3. 반응은 느리지만, 인내심이 강하고 꾸준하다.

점액질 아이는 크게 들뜨거나 흔들리는 일이 드물어, 학습에서도 안정적으로 중간 이상의 성취를 유지하는 경우가 많다. 하지만 스스로 무언가를 시작하기까지 시간이 걸릴 수 있다. 빠른 결정이나 갑작스러운 도전 앞에서 '일단 지켜보고, 자신만의 판단이 서면 움직인다'는 패턴을 보인다.

그래서 부모 입장에서는 "왜 이렇게 망설여?", "왜 나서질 않는 거야?"라고 답답하게 느낄 수 있지만, 그 속에는 '완벽하지 않으면 시작하지 않으려는 안정 지향 성향'이 숨어 있다.

한 번 시작하면 포기하지 않고 끝까지 해내는 힘은 이 기질의 큰 강점이다. 다른 기질이 감정의 기복에 따라 몰입도가 달라지는 반면, 점액질은 기복 없이 일정한 페이스를 유지한다. 문제는 이 꾸준함이 겉으로 잘 드러나지 않기 때문에 '의욕이 없다'거나 '이끌어줘야 한다'는 식으로 오해받을 수 있다는 점이다.

구분	우울 기질	점액 기질
행동 기준	완벽성, 정확성 원칙	안정, 편안함, 관계의 평화
망설이는 이유	계획과 자료가 충분히 준비되어 있지 않으면 불안하다.	갈등, 변화 자체가 싫고, 익숙함을 유지하고 싶어 한다.
속도	준비가 끝나면 속도가 빨라질 수 있다.	시작 속도가 느리고, 진행 속도도 느리다.
집중력	한번 시작하면 몰입하고, 집착할 수 있다.	시작해도 일정 강도로만 유지하고, 무리하지 않는다.
감정 반응	실수와 비판에 예민하고, 자기비판적이다.	대체로 둔감해서 실수해도 크게 동요하지 않는다.
대표 고민	'이게 완벽한 방법일까?'	'굳이 지금 해야 하나?'

우울질 아이와 점액질 아이의 차이

4. 집단에서 중심을 잡는다.

점액질 아이는 무리 속에서 눈에 띄지는 않지만, 그 안에서 관계의 균형을 지키는 숨은 조력자다. 싸움을 말리거나, 소외된 친구를 챙기고, 선생님의 지시를 묵묵히 따르는 모습에서 신뢰를 얻는다. 이런 태도는 자연스럽게 '믿을 수 있는 아이'라는 인상을 준다.

겉으로는 수동적으로 보이지만, 마음속에는 자기만의 기준과 고집이 있다. 그래서 잘 맞춰주는 사람처럼 보일 수 있으나, 사실은 자신의 방식과 생각이 명확하다. 부모나 선생님이 "이렇게 해"라고 말했을 때 "네" 하면서 고개를 끄덕이지만, 실제로는 스스로 판단해 다시 자기 방식으로 돌아가는 경우도 많다. 이 고집은 부정적인 것만은 아니다. 잘만 다루면 자기주도성을 지키며 꾸준함을 유지하는 힘이 된다.

다만 부모는 아이가 겉으로는 순해 보여도 속에 단단한 고집이 있는 성향을 이해하고, 억지로 꺾으려 하기보다 그 기준 안에서 선택지를 넓혀주는 접근이 필요하다.

예를 들어 "여기까지는 네 방식대로 유지하면서, 이 부분만 다른 방법으로 해보면 어때?"처럼 제안하면, 아이는 자신의 방식을 존중받는다고 느끼며 새로운 시도를 받아들일 가능성이 높아진다.

꼭 기억해야 할 점은 점액질 아이가 의욕이 약해 보이고 실제로도 크지 않지만, 시작만 하면 '꾸준히 오래 가는 아이'라는 것이다. 겉으로 감정을 잘 드러내지 않아도 마음속에는 자신을 지켜내는 힘과 사람들과의 관계를 안정시키는 힘이 있다.

이 기질 아이는 이미 자기만의 속도와 기준을 가지고 있다. 이들은 빠르게 달리는 것보다 넘어지지 않고 끝까지 가는 것을 선택한다.

따라서 부모의 역할은 아이를 채찍질하는 것이 아니라, 그 꾸준함이 힘이 되는 순간을 경험하도록 도와주는 것이다. 작더라도 매일 한 발자국씩 나아간 것을 인정해주고, '네 방식대로 해도 괜찮아'라는 안정감을 주는 것이 중요하다. 이러한 지지가 있을 때 점액질 아이는 무리하지 않으면서도 멀리 갈 수 있는 힘을 키운다.

03

아이 강점 맞춤 공부법이 만드는 변화

아이 기질의 강점에 맞춘 공부법을 알고 적용하면 달라지는 것은 성적만이 아니다. 아이의 태도, 부모와의 관계, 집안의 분위기까지 근본적으로 바뀐다. 같은 공부라도 아이에게 맞지 않는 방식으로 억지로 끌고 가는 것과, 기질에 맞게 흐름을 만들어주는 것은 전혀 다른 결과를 만든다. 그렇다면 어떤 변화가 일어나는지 구체적으로 살펴보자.

1. 공부에 대한 저항감이 눈에 띄게 줄어든다.

다혈 기질 아이는 흥미와 자극이 동력이 된다. 이를 무시하고 계획표만 들이밀면 매일 싸움이 될 수밖에 없다. 하지만 아이가 흥미를 느낄 수 있는 방식으로 접근하면 훨씬 수월하게 시작할 수 있다.

담즙 기질 아이는 주도권이 핵심이기 때문에 공부 과정에서 작은 선택권만 주어도 몰입도가 확 달라진다.

우울 기질 아이에게는 명확한 기준과 정리된 자료가 필요하다. 이를 제공해주면 '이제 할 수 있겠다'는 안도감이 생기고, 그 순간 집중력이 살아난다.

점액 기질 아이는 급하게 몰아붙이면 오히려 속도가 늦어진다. 하지만 해야 할 일을 충분히 파악하고 습관이 잡히면, 그때부터는 스스로 속도를 낸다.

아이에게 맞는 방법을 찾고 변화가 시작되면 더 이상 공부 좀 하라는 잔소리가 필요 없다. "네가 편한 대로 한번 시작해봐"라는 짧은 말만으로도 아이 스스로 시작할 수 있는 분위기가 만들어진다.

2. 아이와의 갈등이 줄어들고 대화의 질이 달라진다.

기질을 모를 때는 아이의 반응을 쉽게 '게으름, 고집, 산만함'으로 해석하기 마련이다. 하지만 기질을 이해하고 나면, 똑같은 행동도 '에너지가 향하는 방향, 불안의 신호, 속도의 차이'로 보이기 시작한다.

엄마의 시선이 달라지면 말투가 달라지고, 말투가 달라지면 아이의 방어적인 태도나 반항도 자연스럽게 줄어든다. 예를 들어 점액 기질 아이에게 "왜 이렇게 느려 터졌어"라고 했던 엄마가 "괜찮아, 속도는 중요하지 않아. 대신 매일 조금씩만 해보자"라고 말하면 아이는 지적당하지 않고 이해받았다고 느끼게 된다. 이런 경험이 쌓이면 아이는 '공부 = 혼나는 시간'이 아니라 '공부 = 내가 인정받는 시간'으로 인식하게 된다.

3. 공부 지속력이 생기고 자존감이 높아진다.

많은 부모가 "시작만 하면 되는데…"라고 말하지만, 진짜 중요한 것은 '꾸준함'이다. 기질과 강점에 맞는 공부법은 아이 스스로 꾸준히 할 수 있게 만든다.

다혈 기질 아이에게는 짧지만 몰입하는 시간이, **담즙 기질** 아이에게는 스스로 계획하고 실행해보는 경험이, **우울 기질** 아이에게는 준비된 환경과 명확한 방향이, **점액 기질** 아이에게는 반복과 익숙함이 지속력을 만들어준다.

이 과정을 거치며 아이는 '나는 할 수 있다'는 자기 효능감을 얻게 된다. 자존감이 높아지면 성적은 자연스럽게 따라온다.

4. 부모의 피로와 부담감이 줄어든다.

많은 엄마들이 아이에게 공부를 시키면서 점점 지쳐간다.

"같은 얘기를 백번은 하는 것 같아요."

"말을 해도 안 들어요. 매일 전쟁이에요."

하지만 그 이유가 엄마가 알고 있는 '한 가지 방식'만으로 아이를 움직이려 했던 것은 아닌지 생각해볼 필요가 있다. 기질을 이해하고 나면, 서로 고집을 부리거나 심한 갈등으로 번지지 않는다. 아이를 스스로 움직이게 만드는 '스위치'를 알게 되기 때문이다.

예를 들어 담즙 기질 아이에게는 "엄마가 하라니까 잔말 말고 해"보다 "이건 네가 맡아서 해볼래?"라는 말이 훨씬 강력하다. 우울 기질 아이에게는 "빨리 해"라는 압박보다 지금 시작할 준비가 되었는지 확인해주는 한마디가 더 큰 힘을 발휘한다. 이렇게 대화 방식이 달라지면 엄마가 에너지를 적게 써도 효과는 더 커진다.

5. 집안의 분위기가 달라진다.

기질을 모를 때는 매일 같은 다툼이 반복된다. 하지만 기질을 이해하면 싸움의 '패턴'이 보이기 시작하고, 불필요한 충돌을 자연스럽게 피할 수 있다. 공부 시간뿐 아니라 일상에서도 아이를 바라보는 관점이 달라진다. '왜 저렇게 행동을 하지?'에서 '이 방식이 더 편한가 보구나'로 인식이 전환되는 것이다.

이 변화는 단순한 공부법의 개선이 아니라, 부모와 아이 사이의 관계를 안정시키는 힘으로 이어진다. 엄마는 지치지 않고, 아이도 변명하거나 방어하느라 더 이상 에너지를 낭비하지 않게 되는 것이다.

부모가 억지로 시키는 공부는 오래가지 않고, 머리에 남지도 않는다. 억지로 끌고 가는 방식은 부모와 아이 모두의 에너지를 소모시키지만, 기질과 강점에 맞춘 접근은 자연스럽고 부담이 없다.

공부는 매일 반복되는 생활이다. 그 생활이 갈등과 억압으로 채워질 수도 있고, 이해와 전략으로 채워질 수도 있다. 어떤 방식을 선택하느냐에 따라 성적뿐 아니라 아이의 자존감, 부모의 에너지, 집안의 공기까지 달라진다.

기질에 맞춘 공부법은 거창한 비법이 아니다. 단지 부모와 아이가 덜 싸우고, 덜 지치고, 더 오래 갈 수 있게 만드는 가장 쉬운 방식이다. 나아가 아이가 주도적인 삶을 살며 주도적으로 공부할 수 있는 진짜 실력과 성장으로 이어지는 길이기도 하다.

2장

자기주도학습이 안 되는 아이는 없다, 강점을 모를 뿐

01

서로 다른 기질의 아이와 부모가 만났을 때

앞서 살펴본 다혈, 담즙, 우울, 점액이라는 4가지 기질을 이제는 이론이 아닌 우리 일상에서 만나볼 차례다. 기질은 결코 어려운 심리학 용어가 아니다. 부모와 아이가 하루에도 수십 번 주고받는 표정과 말투, 행동 속에 자연스럽게 스며 있는 '생활의 언어'다.

이번에는 상담 현장에서 만난 사례들을 통해 각 기질의 아이들이 어떤 일상을 보내는지, 그리고 그 아이들을 둔 부모의 마음속 '발작 버튼'은 어떤 순간에 눌리는지를 함께 살펴보려 한다. 이 이야기들 속에는 어쩌면 우리 집의 풍경도 숨어 있을지 모른다. "우리 아이도 저랬는데…" 하고 떠오르는 장면이 있다면 당시 부모로서 어떻게 반응하고 이끌어 주었는지 생각해보자.

기질별 아이의 사례

다혈 기질 아이

학교에서 돌아온 아이는 가방을 던져 놓자마자 휴대폰을 꺼낸다. 친구에게 전화를 걸어 오늘 있었던 일을 한참 동안 쏟아낸다. 하루 종일 같이 있었던 친구지만 할 말이 많다. 아이의 목소리는 항상 에너지로 가득하고, 통화가 끝나면 그 에너지는 자연스럽게 게임으로 향한다.

"숙제는 언제 할 거야?"라는 엄마의 말에 "알아서 할게"라고 답했지만, 결국 숙제는 늦은 밤이 되어서야 급히 마무리된다. 다음 날 피곤한 얼굴로 학교에 가는 아이를 보며 엄마의 속은 타들어간다.

며칠 뒤, 아이는 스스로 과학 공부를 하겠다며 교과서를 펼쳤다. 하지만 잠시 후, 문제집 속 원소들 그림에 눈과 입을 그려 넣고 있다. 산소(O)는 게임 캐릭터가 되고, 헬륨(He)은 'HeHeHeHaHaHa' 웃음소리로 바뀐다. 그림을 그리며 원소의 성격을 외운다는 아이를 보며 엄마는 또 답답해진다.

"그럴 시간에 문제를 한 문제라도 더 풀면 좋을 텐데…."

밝고 에너지 넘치는 모습이 흐뭇하다가도, 느긋한 태도가 걱정스럽다. 친구들에게는 인기가 많지만, 선생님 눈에는 늘 예의 주시해야 할 학생으로 보일 것 같아 엄마는 답답해진다.

담즙 기질 아이

학교 미술시간에 조별 과제를 맡게 된 아이는 포스터 주제를 정하자마자 계획표부터 만들었다.

"나는 글씨를 쓸게. 너는 그림을 그리고, 너는 색칠해."

조원들에게 역할을 나눠주고, 중간 점검 날짜까지 정했다. 하지만 친구들의 과제 진도는 늦어졌고 약속도 지켜지지 않았다. 아이는 서서히 불만이 쌓였다. 결국 포스터를 제출하기 전날, 밤늦게까지 아이는 모두의 몫을 혼자 떠안고 마무리했다.

다음 날, 선생님의 칭찬은 "이 팀 잘했구만!" 한마디로 끝났다고 한다. 집으로 돌아온 아이는 씩씩거리며 "이러니까 다들 대충해도 된다고 생각하잖아"라고 말했다. 엄마는 그 열정을 칭찬하면서도 "그래도 친구들과 함께 결과를 만들어내는 데 의의를 두면 좋지" 하고 다독였다. 그러나 아이의 대답은 단호했다.

"같이 하면 오히려 힘들어. 제대로 안 하면 답답하고…."

이 아이는 대충하거나 비효율적이거나 느슨한 상태를 견디지 못한다. 무엇을 어떻게 해야 하는지가 분명하면 앞만 보고 달려가기 때문에 일하는 방식은 협력보다 정확함을, 공감보다 실행을 우선으로 한다. 똑 부러진 성격에 지는 걸 싫어하다 보니, 엄마는 이 단단함이 친구들 사이에서 미움을 사지 않을까 걱정된다.

우울 기질 아이

체험학습을 앞둔 밤, 아이는 책가방을 열었다 닫으며 분주하다. 간식, 필기구, 손수건, 여분의 옷, 우비까지 꼼꼼히 적혀 있는 체크리스트를 들고 내일 가져갈 물건을 하나씩 확인한다.

소파에 앉아 드라마를 보고 있던 엄마는 "그런 건 내일 아침에 챙겨도 되니까 좀 쉬어"라고 말하지만, 아이의 생각은 멈추지 않는다.

'무언가 빠뜨린 게 있으면 어떡하지?'

'버스에서 자리가 바뀌면 어쩌지?'

'추우면 어떡하지?'

'점심시간에 어색하지 않을까?'

엄마가 보기에 아이의 마음속에는 늘 '미리 준비하지 않으면 일이 틀어질지도 모른다'는 불안이 자리하고 있는 듯하다. 겉으론 차분해 보이지만 머릿속엔 예상 시나리오가 끊임없이 돌아간다. 아이는 모든 게 제자리에 있어야 비로소 안심한다. 돌발상황을 싫어하고, 변수를 줄이기 위해 대비한다.

엄마는 그 마음을 알기에 더 마음이 아프다. 세상은 계획대로만 흘러가지 않는데, 그 완벽함이 아이를 지치게 만들지 않을까 걱정된다. 조금 덜 준비되어도 괜찮다는 것, 삶은 언제나 예측할 수 없다는 것을 아이가 천천히 배워가길 바란다.

점액 기질 아이

아이의 공부 속도는 늘 일정하다. 빠르진 않지만, 멈추지도 않는다. 문제를 하나 풀고 연필을 내려놓은 뒤, 잠시 생각하고 다음 장으로 넘어간다. 공부뿐 아니라 일상에서도 행동이 느리고 움직이는 것을 좋아하지 않는다. 그런 모습을 보며 엄마는 속이 탄다. 하나부터 열까지 챙겨줘야 할 것 같고, 먼저 나서는 모습을 보기 어려워 답답하다. 조급한 엄마는 아이에게 묻는다.

"이렇게 느긋해서 언제 다 하니?"

그 말을 들은 아이는 고개를 푹 숙인다. 마음속에는 '나는 나름대로 열심히 하고 있는데…'라는 억울함이 쌓인다. 빠르진 않지만 꾸준히 하는 자신이 엄마 눈에는 부족해 보인다는 사실이 서운하다. 결국 아이는 울음을 터뜨린다.

엄마는 아이가 옆에서 뭐라고 하면 안정감을 잃고 마음의 문을 닫는다는 걸 안다. 그래서 기다려보려 애쓰지만, '정도라는 게 있지 않나' 하는 생각이 밀려올 때면 참는 일도 쉽지 않다. 세상은 느린 사람에게 관대하지 않기에 사회생활을 하며 남몰래 눈물을 흘리지 않을까, 손이 많이 가는 아이로 보일까 걱정된다. 생각이 깊은 아이인데도 자칫 남들의 결정에 휩쓸리지 않을까 엄마의 마음이 무겁다.

기질별 부모의 사례

다혈 기질 부모

아이의 속도는 일정하다. 늘 하던 순서대로 느긋하게 샤워를 하고, 가방을 정리하고, 옷을 입는다. 움직임은 차분하고 질서 있다. 그러나 엄마의 마음은 이미 몇 걸음 앞서가 있다. 아침 식탁 정리는 순식간에 끝내고, 현관을 들락거리며 시계를 확인한다. 아이의 느린 손동작이 답답하게 느껴진다. 마음속에서는 '빨리빨리'라는 말이 반복되고, 그 조바심이 목소리에 묻어난다.

아이는 자신의 속도대로 준비하고 있지만, 엄마의 조급함에 점점 더 느려지고 실수가 잦아진다. 결국 신발끈을 잘못 묶어 다시 풀자 엄마는 속으로 '오늘도 결국 늦겠구나' 하는 한숨을 삼키고, 아이는 고개를 숙인다. 두 사람 사이에 보이지 않는 벽이 생기는 순간이다.

저녁이 되어도 엄마는 여전히 급하다. 아이가 오늘 있었던 일을 이야기하면, 엄마는 그 말을 끝까지 기다리지 못한다. 아이의 몇 마디면 상황이 그려지고, 해결책이 떠오른다. 말이 끝나기도 전에 엄마는 방향을 제시하고 아이는 더 이상 말을 잇지 않는다. 엄마는 도와주고 싶은 마음이었고, 아이도 어렵게 꺼낸 말이었지만 다음부터는 엄마와 말하고 싶지 않아진다.

담즙 기질 부모

담즙형 엄마는 아침부터 머릿속에 하루 계획을 그리며 조급해진다. 등교하기 전에 매일 문제집 한 장씩이라도 풀면 좋겠다고 말하지만, 아이는 아침에 그럴 여유가 없다고 말한다. 엄마는 아침 공부 습관이 매일 쌓이면 1년 뒤 얼마나 큰 차이를 만드는지 설명하고 설득하지만, 아이는 변화가 없다.

오후가 되면 엄마는 숙제하는 아이 옆에서 "이 방법보다 이렇게 푸는 게 더 효율적이지 않을까?", "친구 ○○는 벌써 4단원에 들어갔대"라며 말을 건넨다. 비교가 아니라 현실을 알려주고 싶은 마음이지만, 아이는 점점 압박을 느낀다. 엄마는 시간을 낭비하지 말고 빠르게 푸는 법을 알려주려 하지만, 아이의 집중력은 흐트러지고 얼굴에는 짜증이 묻어난다.

담즙형 엄마는 아이를 사랑하는 마음을 '감정'보다 '행동'으로 표현한다. 도와주고 싶은 마음이 커서 개입하고 다른 방법을 제안하지만, 아이는 종종 '내 방식이 틀렸다'는 메시지로 받아들이며 부담을 느낀다.

우울 기질 부모

아이는 아침부터 친구에게 보여줄 새 노트도 있고, 쉬는 시간에 얘기할 주제도 이미 정해 두었다. 하지만 엄마의 시선은 그런 아이의 들뜬 표정보다 가방 속으로 향한다. 준비물을 잘 챙겼는지, 숙제를 빠짐없이 했는지 하나하나 확인한다. 아이의 대답이 성의 없어 보이면, 다시 묻고 또 묻는다. 그러면 아이는 점점 짜증 섞인 표정으로 짧게 대답한다. 엄마는 그 반응이 서운하지만, 혹시 놓친 것은 없는지 걱정되어 말을 멈추지 못한다.

학교에서 돌아온 아이는 숙제를 하다가 갑자기 노래를 흥얼거리며 그림을 그리기 시작하고, 공부를 하는 듯싶더니 휴대폰을 만지작거린다. 엄마는 아이에게 다가가 한마디한다.

"지금은 집중해야 하는 시간 아니야? 할 일 다 끝내고 다른 걸 하는 게 좋지 않을까?"

아이의 좋았던 기분은 순식간에 깨지고, 공부하고 싶지 않은 마음이 더 커진다. 우울형 엄마는 아이를 이해하고 도와주고 싶지만 때로는 아이에게 '간섭'으로 전해진다. 그 사랑이 세심할수록 아이는 감정의 여백을 잃는다.

점액 기질 부모

놀이터에서 두 아이의 목소리가 높아졌다. 처음엔 장난이었지만 금세 얼굴이 붉어지고, 다투는 소리가 들린다. 엄마는 순간 자리에서 일어나려다 멈춘다. 누구의 잘못으로 싸움이 시작된 것인지 확신이 없고, 괜히 끼어들었다가 상황이 커질까 걱정된다. 아이들을 바라보며 "그만하고 사이좋게 놀아라" 한마디를 던지고 다시 자리에 앉는다.

잠시 후, 다른 아이의 엄마가 와서 단호히 자신의 아이를 데려간다. 점액질 엄마는 그 모습을 보며 마음 불편해진다. 내 아이가 먼저 잘못했을 수도 있다는 생각이 스친다. 하지만 이미 늦었다. 내일 다시 만나면 괜찮아질 거라, 시간이 해결해 줄 거라 믿는다. 문제가 완전히 해결되지 않았지만 충돌은 피했다고 생각하며 불편한 마음을 참는다.

저녁, 아이가 숙제를 미루고 있다. 엄마는 몇 번이나 망설이다가 잔소리를 참고 아이가 스스로 하기를 기다렸지만 아무것도 하지 않고 잠들어 버린다. 불을 끄는 엄마의 마음은 찜찜하다. 다툼이 생길까 조심스러워 말을 아끼고 기다렸지만 달라진 것은 없었다.

점액질 엄마는 싸움을 피하고 관계의 온도를 지키는 것을 중요하게 여긴다. 그래서 온화함이 느껴지지만, 아이는 때때로 '엄마는 내 편이 아니다', '엄마는 나를 신경 쓰지 않는다'고 느끼기도 한다. 또한 훈육이 필요할 때마다 갈등이 생길까 봐 덮어버리면 아이에게 규칙과 행동의 책임을 배우는 기회가 함께 사라질 수 있다.

이 모든 장면의 공통점은 하나다. 문제는 상황 자체가 아니라, 서로의 기질을 모른 채 자신의 언어로 소통하려 했다는 점이다. 부모는 사랑해서 한 말과 행동이었지만 아이는 통제로 느꼈고, 아이는 '본래의 나'로 있었을 뿐인데 부모는 그 모습을 문제로 받아들였다. 결국 오해는 기질이 달라서가 아니라, 서로의 다름을 몰라서 생기는 것이다.

부모 마음대로 문제를 해결하려고 하기보다 아이의 에너지가 향하는 방향과 불안의 형태를 읽어준다면, 같은 말도 아이에게 전혀 다른 온도로 닿을 수 있다. 결국 기질을 이해한다는 것은 단순히 아이에게 맞는 공부법을 알아내는 일이 아니라, 아이를 이해하는 방식을 배우는 일이다.

02

아이의 강점에 맞춘 공부 전략

공부법에 정답은 없다. 아이마다 다른 해답이 있을 뿐이다. 같은 교재를 풀어도 어떤 아이는 속도를 우선하고, 어떤 아이는 과정을 더 중시한다. 누군가는 깊이 몰입하며 배우고, 누군가는 치밀한 계획으로, 또 다른 누군가는 꾸준한 반복을 통해 익힌다. 이처럼 아이마다 학습의 출발점이 다르며, 그 차이를 만드는 것은 기질이 지닌 고유한 속도다.

아이의 에너지가 흐르는 방향을 이해하면 억지로 이끌지 않아도 공부 습관이 저절로 잡힌다. 4가지 기질에 따라 아이들이 어떻게 배우고 집중하는지 그리고 각기 다른 강점을 기반으로 어떻게 코칭해 주어야 하는지 알아보자.

다혈 기질
재미를 유지해야 집중이 되는 아이

아이의 기질을 설명할 때 "우리 아이는 자율적으로 공부를 잘 못해요. 말이 많고, 집중력도 부족하고, 재미없으면 하려고 하지 않아요"라고 한다면 다혈질일 가능성이 높다.

이 아이에게 자기주도란 '정해진 학습 시간표를 지키는 것'이 아니라 '내가 하고 싶어서 시작한 공부', '나에게 의미가 있어서 계속하는 활동'을 말한다. 다혈질 아이의 가장 뚜렷한 특징은 '에너지'와 '감정 표현'이다. 자발적으로 시작하는 힘은 강하지만, 유지하는 힘은 약한 편이다.

그래서 이 아이에게 중요한 것은 '어떻게 집중하게 할까?'보다 '어떻게 꾸준히 이어가게 할까?'이다. 다혈질 아이는 혼내거나 다그치기보다 '생활 습관과 공부 습관'을 함께 만들어주는 방식이 효과적이다.

1. 공부가 '재미가 있어야 시작한다'는 것을 인정하자.

다혈 기질 아이는 재미가 없으면 움직이지 않는다. 부모 입장에서는 좋아하지 않는 과목 공부를 할 때는 5분도 집중하기 힘들어하면서, 좋아하는 만들기를 할 때는 2시간 동안 꼼짝도 하지 않는 모습을 이해하기 어렵다. 분명 공부할 때도 그 정도의 집중력은 발휘할 수 있을 것 같은데 '못하는 게 아니라 안 하는 것'처럼 보이기 때문이다.

하지만 이런 모습을 '태도'라는 한 단어로만 국한하면, 아이가 왜 그런 반응을 하는지 제대로 볼 수 없다. 다혈 기질 아이의 뇌는 다른 기질에 비해 특히 '재미와 자극'이 있을 때 도파민이 많이 분비되기 때문에 흥미가 없으면 집중력이 급격히 떨어진다. 또 스스로 하고 싶어서 시작한 일이 아니라면 일단 거부감부터 생긴다. 따라서 이 아이에게는 공부를 재미있는 게임처럼 접근할 수 있도록 하는 '생각의 전환'이 필요하다. 다음은 그 예시다.

공부 전 짧은 퀴즈로 머리 예열하기

시작이 어려운 아이의 흥미를 끄는 데 효과적이다.

"사람이 숨을 쉴 때 필요한 기체는?"

"5, 10, 20, 40 다음에 올 숫자는?"

타이머를 활용해 30분 집중 후 5분 휴식하기

오래 공부한다고 내용이 머리에 더 잘 들어오는 것은 아니다. '뽀모도로 공부법'처럼 20분 공부 후 10분 쉬기, 30분 공부 후 10분 쉬기와 같은 시간을 설정해야 한다. 이때 공부하는 시간의 기준은 엄마가 원하는 시간이 아닌 아이가 실제 집중할 수 있는 시간이어야 한다.

색깔펜, 그림, 말풍선 등 시각 자료로 노트 정리하기

빽빽한 칸 노트보다는 여백이 있는 노트를 활용해 시각적 자극을 주는 것이 좋다.

2. 계획은 작게, 반복은 짧게, 선택은 아이가 하게 하자.

다혈질 아이는 미래를 위한 계획보다 오늘 당장 할 수 있는 일에 반응한다. 예를 들어 '이번 주에 새로운 영어 단어 70개 외우기'보다는 '어제 외운 영어 단어 복습 10개, 새로운 단어 10개 외우기 (오늘 총 20개 단어 공부하기)'처럼 하루 단위로 미션을 세분화해서 주는 것이 훨씬 효과적이다.

이 기질의 아이는 반복에 약해 같은 문제를 계속 풀거나 오답노트를 만들라고 하면 금세 흥미를 잃고 "이거 아까 했잖아, 답까지 다 알아!" 하며 금방 자리를 떠버리기도 한다. 따라서 반복 자체보다는 반복되는 과정을 새롭게 느끼게 하는 장치가 필요하다.

같은 내용을 다른 방식으로 다시 보게 하기

개념을 '말'로 설명 → 만화나 그림으로 요약 → 빈칸 채우기 →

문제 풀이

대결구도 형식의 퀴즈 내기

"엄마의 사회 퀴즈! 오늘은 엄마가 문제를 내고 내일은 아들이 내기!"

공부의 시작 시점을 아이가 정하게 하면, 작은 선택이라도 주도적으로 결정했다고 느낄 수 있다.

"너 공부할 거야, 말 거야?" 이런 질문은 아이에게 공부를 안 해도 된다는 선택지를 주는 말이다. 대신 이렇게 물어야 한다.

"수학을 먼저 할까, 영어를 먼저 할까?"

"3시에 시작할까, 4시에 할까?"

그리고 부모가 아이의 공부 과정을 평가하기보다 '내가 좋은 선택을 한 걸까?', '어떻게 공부할 때 재미있었지?', '하기 싫었는데 어떻게 해냈지?'처럼 아이가 자신의 학습 과정을 스스로 돌아볼 수 있도록 도와줘야 한다.

이처럼 감정을 자극하는 격려와 참여가 다혈 기질의 핵심 동기가 된다. 이 아이는 감정이 먼저 움직여야 행동이 따라오기 때문이다.

3. '처음'과 '끝'을 분명하게 인식시켜 주자.

다혈 기질 아이는 시작은 열정적이지만, 마무리를 어려워하는 경우가 많다. 공부를 시작할 때는 "이건 오늘 끝낼 수 있는 양이야" 라는 확신을 주고, 끝낼 때는 "내가 해냈다!"라는 성취감을 강하게 느끼게 해야 한다. 따라서 이 아이에게는 언제 시작하고 언제 마칠지를 명확히 정해주는 공부 계획이 필요하다.

스스로 체크리스트 작성하기

공부를 마칠 때마다 스티커를 붙이며 스스로 진행 상황을 확인하게 한다.

하루 목표를 마치면 "끝!"이라고 외치며 박수 치기

마무리 순간을 인식하게 하고, 박수를 통해 성취감을 강화한다.

공부 후 시간을 즐거운 휴식과 연결하기

산책, 간식, 게임 등 아이가 좋아하는 활동으로 이어지게 하여 공부의 끝이 '보상'으로 자연스럽게 연결되도록 한다.

아이가 숙제를 빨리 끝냈다고 해서 "조금만 더 하자"라고 하면서 공부를 추가로 시킨다면, 다음부터는 엄마와 함께 공부하기 싫어질 것이다. 다혈질 아이는 성공 경험을 다음 에너지로 삼기 때문에 '성취감' 자체가 다음 공부로 이어지는 도화선이 된다.

4. 혼자 공부하기보다는 '말로 정리하는 공부'로 이끌어주자.

다혈 기질 아이는 '말로 배운다'고 해도 과언이 아니다. 자신이 이해한 내용을 직접 말로 표현할 때 비로소 머릿속이 정리되고, 기억도 오래간다. 책상 앞에 인형 하나를 두고 배운 내용을 설명하거나, 친구에게 가르치는 것처럼 정리해보는 것, 부모와 퀴즈를 주고받으며 복습하는 방식이 특히 효과적이다. 이때 재미와 성취감을 동시에 느낄 수 있다.

수학 문제를 풀면서 혼잣말하기

"2를 곱하고 그다음에 더하면? 아, 이게 답이네!"

학교 수업 시간에 배운 내용 설명하기

"엄마, 오늘 과학 시간에 ~을 배웠어!"

"국어 시간에 선생님이 ~에 대해 말씀하셨어!"

아이 입장에서는 말로 정리하며 표현할 때 배운 내용이 '내 것'이 되는 걸 느낀다. 이들은 읽거나 쓰는 것보다 말하고 움직일 때 더 잘 기억하는 행동형 기억자다. 그래서 신체적 활동과 결합된 학습, 몸을 활용해 기억하게 하는 방식이 좋은 결과를 낸다.

친구와의 경쟁보다는 협력, 함께 문제를 풀거나 토론하는 학습이 아이의 동기를 끌어올린다. 또한 타인의 반응을 보며 학습 방향을 조정하는 특성이 있으므로 '혼자'보다는 '같이'가 훨씬 효과적이다.

5. 지적보다는 정서적 격려를 먼저 해주자.

상담을 하다 보면 부모가 "우리 아이는 시키는 건 참 잘해요"라고 말한다. 그런데 자세히 들여다보면, 이 힘의 원천이 '공부가 좋아서'가 아니라 '엄마에게 사랑받고 싶어서'인 경우가 많다. 부모에게 사랑과 인정을 받고 싶어하는 아이들은 칭찬에 약하고, 지적에 민감하다. 특히 자존감에 상처를 받으면 그 기분에서 벗어나는 데 시간이 오래 걸린다.

따라서 "넌 왜 이렇게 대충하니?"라는 말보다 "이렇게 시작한 건 정말 멋졌어. 마무리만 조금 더 같이 해볼까?"라는 말이 훨씬 효과적이다. 이때 중요한 것은 아이의 마음을 먼저 세워주는 것이다.

구체적으로 칭찬하기

"문제를 푼 것도 좋았지만, 오늘은 특히 집중을 잘했어."

"아까 노트 정리할 때 색깔을 중요도에 따라서 잘 활용했더라."

실수해도 위트 있게 받아주기

"이건 틀린 게 아니라 잠시 네 안의 다른 분이 대신 푼 거네~. 그렇지? 하하!"

"이 정도면 실수학과 전공자 수준이야~. 하하!"

부모는 아이에게 공부가 실패의 감정으로 이어지지 않도록 감정의 무게를 덜어주는 것이 무엇보다 중요하다. 이 아이는 가벼워야 날 수 있다. 무거운 감정이 발목을 붙잡지 않도록, 따뜻하면서도 유쾌한 격려와 다정한 말투로 아이의 마음을 어루만져 주어야 한다.

다혈질 아이의 부모는 아이의 감정이 어디로 향하는지 지켜보는 역할을 해야 한다. 흥미는 시작의 문이고, 칭찬은 연료이며, 성취감은 동력이 된다. 통제보다는 조율, 지시보다는 유도, 채근보다는 격려가 필요하다.

다혈 기질의 단점은 '마무리가 쉽지 않다'는 것이지만, 장점은

'자기만의 속도로 결국 도달한다'는 점임을 기억하고, 믿고 기다려 주어야 한다. 다혈질 아이의 자기주도학습은 '감정 → 행동 → 반복 → 습관'의 순서로 형성된다.

또 하나의 팁은 책상이 깨끗해야 한다는 것이다. 공부하는 공간에 시선을 빼앗는 물건이 많으면 해야 할 일에 집중하기 어렵다. 지금 당장 필요한 것만 책상에 두는 것이 집중력 향상에 도움이 된다.

담즙 기질
목표가 세워지면 가장 빠르게 성장하는 아이

아이가 '목표는 분명한데 자기가 뜻한 대로 안 되면 화를 내거나, 혼자 모든 걸 해내려 하고 계속 경쟁하려고 든다'면 담즙 기질일 가능성이 높다. 담즙질 아이는 스스로 목표를 세우고, 달성할 수 있는 강한 추진력을 타고났다. 스스로 계획하고 주도할 때 의욕이 폭발적으로 높아진다.

학습 자체를 게을리하거나 회피하는 경우는 거의 없고, 목표가 생기면 빠르게 성취하고 싶어 해서 오히려 문제가 생기기도 한다. 너무 몰두해 과부하가 걸리거나, 자신이 세운 높은 기준을 충족하지 못했을 때 자신에게 실망하는 경우를 주의해야 한다.

이런 성향은 빠른 성장의 원동력이 되기도 하지만, 빠르게 탈진이 오거나 지나친 성과 중심 사고는 불필요한 좌절을 불러올 수 있다. 또한 실패에 민감해 한 번 좌절을 경험하면 금세 의욕을 잃기도 한다.

그래서 담즙질 아이의 부모 역할은 '더 시키는 것'이 아니다. 오히려 속도를 조절하고, 성취에 집중된 감정의 무게를 덜어주는 것이다. 목표를 높게 세웠다면 중간 점검을 하면서 작은 성공의 경험을 할 수 있도록 도와주는 것이 좋다. '지금 충분히 잘하고 있다'는 안정의 신호를 주면, 담즙질 아이는 방향을 잃지 않고 끝까지 스스로 완주할 수 있다.

1. 에너지의 방향을 '목표'에서 '의미'로 확장하자.

담즙질 아이에게 공부는 단순한 과제가 아니라 '자기 존재의 증명'이 되기도 한다. '이걸 해내야 내가 더 나은 사람이다', '이걸 잘해야 인정받는다'는 마음이 강하다. 이 에너지를 건강하게 쓰려면 '목표 자체'보다 그 목표가 왜 중요한지를 함께 알려주어야 한다.

"과학 시험 준비해." (×)

→ "과학 시험 준비해야 하는 거 알지? 그래야 배운 개념을 제대로 이해할 수 있어." (○)

"사회 과목은 암기해." (×)

→ "사회 과목에서 핵심 개념을 안다는 건 단순히 답을 외우는 게 아니라, 시험에서 헷갈릴 여지를 없애는 거야. 너한테는 이 방법이 더 편할 거야."(○)

또 공부를 미래의 흥미로운 순간과 연결해주면, 담즙질 아이는 단순한 성취가 아니라 '스스로 하고 싶은 이유'로 움직이게 된다.

담즙질 아이는 자기 기준이 뚜렷하다. 외부의 피드백을 '지시'로 받아들이는 순간 반발심이 생기기 쉽다. 따라서 부모는 감독자가 아니라, 아이의 마음을 다독이며 속도를 맞추는 조율자, 그리고 방향을 함께 고민하는 전략가가 되어야 한다.

여기서 조율자는 아이가 세운 계획이 틀어져 화가 났을 때 그 감정을 가라앉히고 다시 시작할 수 있도록 돕는 사람이다.

"오늘은 좀 힘들었겠네. 내일은 이 시간대 말고, 네가 더 편하고 집중이 잘되는 시간에 다시 해볼까?"

그리고 전략가는 아이가 선택지를 좁히지 않도록 실현 가능한 여러 대안을 제시해주는 사람이다.

"이 부분은 지금 30분만 더 하고 마무리해도 되고, 여기까지만 하고 다음 단원으로 넘어가도 돼. 아니면 오늘은 쉬고 내일 다시 시작하는 방법도 있어. 네 생각은 어때?"

이렇게 하면 아이는 '감정은 이해받고, 선택은 존중받는다'고 느낀다. 부모는 결과를 강요하는 사람이 아니라, 아이가 방향을 잃지 않도록 옆에서 이끌어주는 사람이 되어야 한다.

2. 공부할 때 시간이 아닌 에너지를 관리해주자.

담즙질 아이는 계획표를 촘촘히 세우고 스스로 시간을 관리하는 능력이 뛰어나다. 문제는 목표가 너무 높아 일정이 지나치게 빽빽하고 '완벽한 실행'에 집착한다는 점이다. 이런 경우 계획이 흐트러지면 강한 자책으로 이어지고, 감정적 번아웃이 찾아오기 쉽다. 이를 예방하려면 처음부터 플랜 A와 플랜 B를 함께 세우는 습관이 필요하다.

또 많은 양의 미션을 끝내는 것이 목표가 아니라 '가장 중요한 것부터 하자'는 기준을 세워주는 것이 핵심이다. 우선순위가 명확해지면 담즙질 아이는 곧바로 행동으로 옮긴다.

일의 순서 메모하기

노트를 두 부분으로 나누어 한 칸에는 해야 할 일을 쓰고, 옆 칸에는 각 일의 진행 상황을 적게 한다. 이렇게 하면 할 일의 순서와 완료 여부를 동시에 알 수 있다.

자기 점검 시간 넣기

공부를 마친 뒤 매일 5~10분 정도 아이가 스스로 '어떤 부분이 부족했는지'를 점검한다. 이때 부모는 평가자가 아니라 경청자로 아이의 피드백을 있는 그대로 들어준다.

결과물 시각화하기

공부한 양을 색칠하는 그래프나 '오늘 할 일과 해낸 일'을 한눈에 볼 수 있는 체크리스트를 활용한다. 눈으로 성취를 확인하면 동기가 오래 유지된다. 이렇게 하면 아이는 단순히 '시간을 채우는 양적인 공부'에서 벗어나, 자신의 에너지를 조절하며 '질적인 공부'를 스스로 계획하는 힘을 기르게 된다.

3. 실수를 '실패'가 아니라 '발견'으로 인지하게 해주자.

담즙질 아이는 의외로 실패에 대한 민감도가 높다. 겉으로는 담담해 보여도 속으로는 강한 실망과 자기비판이 일어난다. 이때 중요한 것은 실수를 학습 자산으로 전환하는 일이다.

"이거 또 틀렸어?" (×)

→ "유독 이 부분만 자주 틀리는 이유가 있을까? 한번 원인을 찾아보자." (○)

"이건 네 열정과 공부가 부족해서 그래." (×)

→ "이 문제가 안 풀린 건 기회야. 이번에 확실히 기억할 수 있는 기회지!" (○)

또한 '오답 노트' 대신 '성장 노트'라는 이름을 사용하는 것도 좋다. 이 노트가 '틀린 문제 목록'이 아니라 '내가 찾아낸 강화할 부분 목록'이라는 인식을 주는 것이 핵심이다.

담즙질 아이는 자신이 주도권을 쥐고 있다는 생각이 들 때 안정감을 느낀다. 따라서 실수의 원인을 지적하는 것이 아니라, 아이 스스로 분석하고 대책을 세우는 과정에 참여시켜야 한다.

"이번 문제는 어디에서 막혔는지 네가 한번 정리해볼래? 그걸 토대로 다음 방법을 같이 찾아보자."

이렇게 하면 실수는 부끄러운 일이 아니라 성장을 위한 발견이 되고, 아이는 도전을 멈추지 않는다.

4. 피드백은 차분하게, 대안은 구체적이고 짧게 하자.

담즙질 아이는 과도한 지적을 받으면 자신을 향한 비난으로 받아들이는 경향이 있다.

"(열심히 한 내용을 보며) 이게 뭐니, 도대체!"

"잘하긴 했지만 이곳이 부족하네."

이런 말들은 담즙질 아이의 방어심리를 자극해 마음속에 부정적인 경험으로 남는다. 이 기질 아이는 감정이 섞인 말보다 논리적이고 정보 중심의 피드백을 더 잘 받아들이며, 짧고 명확한 조언에서 안정감을 느낀다.

"이 정도는 진작 외웠어야지." (×)

→ "이 개념이 반복해서 틀리네? 다음 주에 이 부분 한 번 더 복습해보자." (○)

"이 부분은 이런 식으로밖에 안 돼?" (×)

→ "이 과정에서 ~가 조금 빠졌어. 이 부분만 다시 정리해볼래?" (○)

피드백은 짧고 구체적으로, 잘못을 지적하기보다 다음에 무엇을 하면 되는지로 연결하는 것이 좋다. 이렇게 하면 담즙질 아이는 피드백을 비난이 아닌 업그레이드 정보로 받아들이며, 부모와의 공부 관련 이야기도 자연스럽게 이어 간다.

5. '혼자 잘하는 아이'에게도 함께하는 순간이 필요하다.

담즙질 아이는 혼자 공부하는 것을 선호한다. 방해받지 않고 자신의 페이스를 유지하는 것을 중요하게 생각한다. 하지만 부모는 이 아이가 혼자 너무 멀리 나가 감정적으로 고립되거나 불안감에 빠지지 않도록 도와줄 필요가 있다.

그렇다고 "엄마랑 같이 하자"처럼 감정 중심으로 다가가면 오히려 반발할 수 있다. 대신 '프로젝트형 학습'이나 '미션형 대화'처럼 인지 중심의 상호작용을 하는 것이 효과적이다.

"엄마가 이 단원은 잘 모르겠는데, 네가 이해한 방식으로 3줄 요약해서 설명해줄래?"

"이걸 공부하면서 배우게 된 것 하나만 공유해 준다면, 어떤 걸 말해줄래?"

이런 요청은 아이의 자율성을 높여주면서도 설명하고 정리하는 능력을 길러준다. 또한 부모와의 대화를 자연스럽게 만들어 혼자 하는 공부의 장점과 함께하는 학습의 장점을 동시에 누릴 수 있게 한다.

담즙질 아이는 스스로 계획을 세우고, 학습 목표를 정하며, 공부 후기 남기기 등 '리더 역할'을 맡길 때 훨씬 더 적극적으로 움직인다. 이 아이의 자기주도성은 내면의 확신에서 비롯되며, 그 확신을 지켜주기 위해서는 결과가 아닌 '과정에 대한 존중, 실수에 대한 따뜻한 시선, 그리고 스스로 조정할 수 있는 기회'를 주는 것이 무엇보다 중요하다.

이때 부모는 앞서가려는 아이가 방향을 잃지 않도록 이정표를 조용히 놓아주는 가이드가 되어야 한다. 아이의 계획을 평가하기보다는 함께 점검하며, 혼자 마음의 부담을 짊어지지 않도록 감정의 쿠션이 되어주는 것이 효과적인 공부 전략이다.

우울 기질
기준과 안정감이 있을 때 실행력이 올라가는 아이

아이의 기질을 설명할 때 "아이가 너무 신중하고 조심스러워요. 시작도 늦고, 실수하면 자책을 많이 해요. 칭찬을 해줘도 반응이 없어요"와 같다면 우울질일 가능성이 높다.

우울 기질은 깊은 사고력과 성실함이 큰 장점이다. 하지만 감정의 영향을 많이 받기 때문에 공부법 역시 섬세하게 접근해야 한다. 조용하고 내성적이라는 인상으로 단순화되기 쉽지만, 그 속에는 놀라울 만큼 깊은 사고, 정밀한 감정 처리 그리고 높은 책임감이 자리하고 있다. 단순하고 작은 일도 오래 곱씹고, 실수 하나에도 깊은 자책을 하며, 때로는 자신이 잘하고 있는 걸 몰라서 스스로 멈추는 경우도 많다.

하지만 한 번 스스로 의미를 발견하기 시작하면 누구보다 깊고 지속적인 학습이 가능하다. 그래서 이 아이는 '순간의 자극'보다 '과정'에 집중하고, '속도'보다 '완성도'를 중시한다. 아이의 기질을 올바르게 이해하고 접근한다면, 가장 정교하고 안정된 학습 흐름을 만들어갈 수 있다. 속도보다 완성도에 무게를 두는 공부 전략이 필요하다.

1. 생각할 시간을 주자.

우울질 아이는 사고가 깊고 신중하다. 문제를 보면 바로 대답하기보다는 머릿속에서 내용을 인식하고 정리하며, 몇 번의 시뮬레이션을 돌린 뒤에야 입을 연다. 느려 보이지만, 실제로는 머릿속에서 빠르게 판단과 피드백이 이루어지는 중이다.

예를 들어 같은 역사 개념을 배울 때도 단순히 '언제 일어난 사건인가?'를 넘어 '그 사건이 왜 발생했고, 어떤 교훈을 주는 걸까?'를 곱씹는다. 이런 특성 덕분에 한 분야에 몰입하면 '덕후 기질'이 발휘될 만큼 깊이 파고들기도 한다.

따라서 이 아이에게는 "왜 아직도 안 했어?"보다는 "아직 생각이 정리되지 않았어? 정리되면 말해줘"처럼 시간의 압박이 없는 대화가 필요하다. 또한 단답형 질문보다는 "이 내용과 저 내용이 어떤 점에서 비슷했을까?"처럼 생각을 확장할 수 있는 연결형 질문이 훨씬 효과적이다.

또 말은 서툴지만 글은 오히려 더 명확하게 생각을 표현하는 경우가 많다. 따라서 학습한 내용을 글로 정리하게 하면, 속도는 느리더라도 깊이 있는 이해와 표현이 가능해진다.

2. 감정에 기반한 학습 피드백을 하자.

우울질 아이는 칭찬이나 지적에 매우 민감하게 반응한다. 단순히 "잘했어"라는 말보다, 무엇을 어떻게 잘했는지 구체적으로 들었을 때 만족을 느낀다. 예를 들어 "이번 발표에서 네가 자료를 정리한 방식이 정말 신의 한 수였던 것 같아"처럼 세부적인 피드백이 아이의 성취감을 더 크게 만든다.

반대로 실수를 했을 때 곧바로 "왜 이렇게 했어?"라고 하면, 아이는 즉시 자신이 비난받았다고 느낀다. 이럴 때는 감정이 가라앉을 시간을 주고, 아이가 먼저 이야기를 꺼냈을 때 대화를 시작하는 것이 좋다. "그때 속상했었지?"처럼 감정을 먼저 읽어준 뒤, "네가 말해줘서 고마워. 혹시 엄마 의견이 필요해?"처럼 조심스럽게 조언을 건네는 것이 효과적이다.

우울질 아이는 이미 머릿속에서 실수의 원인과 대안을 정리해 둔 경우가 많다. 부모의 역할은 부족함을 채우는 것이 아니라, '말하기 어려웠던 부분을 꺼내줘서 고맙다'는 메시지를 전하고, "지금 도움이 필요하니?"라고 묻는 것이다. 이렇게 하면 아이는 비난이 아닌 신뢰와 존중을 느끼며, 스스로 문제를 해결할 힘을 키워간다.

3. 자기주도성은 살리고, 완벽주의에서 오는 긴장은 풀어주자.

우울질 아이는 누가 시키는 것보다 스스로 계획을 세우고 그 흐름을 따라가는 것을 더 편안하게 느낀다. 그래서 '해야 하는 공부'보다 자신이 이유를 이해하고 선택한 공부에 훨씬 깊게 몰입한다. 이 자기주도성은 큰 강점이지만, 완벽주의와 결합하면 보이지 않는 압박을 만들어 내기도 한다.

스스로 세운 목표이기에 더 무겁게 느끼고, 계획이 조금만 어긋나도 '왜 나는 제대로 못했을까?'라며 자신을 깎아내린다. 겉으로는 차분하게 잘 해내는 것처럼 보이지만, 마음속에서는 계속 자신을 몰아붙이는 중일 수 있다. 이런 아이에게 부모가 해줄 수 있는 가장 큰 도움은 결과보다 과정을 인정해주는 피드백이다.

"늦었어도 끝까지 해냈구나. 역시!"

"처음 계획에서 수정하는 게 쉽지 않았을 텐데, 정말 좋은 선택이었어."

이런 말들은 아이에게 '계획을 완벽히 지키는 것'보다 상황에 따라 유연하게 조절하는 힘이 더 중요하다는 경험을 쌓게 한다.

또한 학습 계획을 세울 때는 시간에 쫓기지 않게 기준을 '시간'

보다 '끝낼 양'으로 정하도록 돕고, "무엇부터 시작하고 싶어?"처럼 선택권을 주는 말을 건네면 강요받는 느낌 없이 자율성을 유지할 수 있다.

부모는 이 아이에게 자기주도성과 완벽주의 사이를 부드럽게 이어주는 완충 역할을 해야 한다. 긴장을 풀어주는 부모의 한마디가 아이에게 멈추지 않고 앞으로 나아가게 하는 가장 큰 힘이 된다.

4. 혼자 공부할 수 있는 시간과 공간을 보장해주자.

우울질의 아이는 혼자 있는 시간과 공간 속에서 마음을 정리하며 에너지를 회복한다. 친구들과 함께 공부하거나 소란스러운 환경에서는 금방 지치고 '기 빨린다'는 표현을 하기도 하며, 집중이 쉽게 흐트러진다. 겉으로는 차분해 보이지만, 마음속에서는 끊임없이 감정을 소화하고 있기 때문에 정서적 안정이 전제되지 않으면 학습에 몰입하기 어렵다.

이 아이에게는 정서적 안정이 보장된 학습 환경이 필요하다. 반드시 독립된 공부방이 있을 필요는 없지만, 정해진 자리와 정돈된 책상, 시각과 청각 자극이 적은 공간을 마련해주는 것이 좋다. 백색소음, 잔잔한 음악, 차분한 조도 같은 요소들도 집중에 도움이 된다.

무엇보다 중요한 것은 생활 속에 '혼자 있는 시간'을 의도적으로 포함시키는 일이다. 이것은 낭비하거나 버리는 시간이 아니라, 마음을 정돈하고 다음 학습을 준비하는 내면의 회복 시간이다. 부모는 아이가 혼자 있으려는 모습을 '방치'로 오해하지 말고, 스스로 에너지를 충전하는 과정으로 존중해야 한다.

5. 완벽해야 한다는 부담감을 덜고, 끝까지 해낼 수 있게 도와주자.

우울질 아이는 과제든 시험이든 '완벽해야 의미가 있다'는 기준을 갖는 경우가 많다. 수정하고 또 수정하는 과정에서, 다른 사람 눈에는 거의 차이가 없어 보이는 부분까지도 집요하게 다듬는다. 실수를 두려워해 기준에 미치지 못한다고 느끼면 진행을 미루거나 아예 멈추기도 한다. 겉으로는 잘하는 것처럼 보이지만, 사실 '잘하고 있음에도 시작을 못하는 아이'가 바로 이런 경우다.

이 아이에게는 '충분히 괜찮은 완성도'를 스스로 허락해보는 경험이 필요하다. 예를 들어 시간 제한 과제를 설정하고 "완벽하게 하는 게 아니라, 주어진 시간 안에 마무리하는 게 목표야"라고 기준을 조절해주는 것도 한 가지 방법이다.

또 다음과 같은 말을 반복해서 해주면 아이는 조금씩 자기가 가지고 있는 높은 기준을 완화하는 연습을 하게 된다.

"이 정도면 충분히 좋아."

"지금 수준도 의미 있어."

완벽하지 않아도 괜찮다는 마음이 자리 잡으면, 아이는 부담을 내려놓고 앞으로 꾸준히 나아갈 수 있다.

우울질 아이는 자기만의 속도와 호흡이 있다. 그 속도를 억지로 끌어올리려고 하기보다, 그 리듬 안으로 들어가 함께 걸어주는 것이 훨씬 효과적이다. 이들은 충분히 생각하고 준비를 마친 뒤에야 비로소 움직인다. 그래서 부모가 해야 할 일은 기다려주고, 그 과정을 신뢰하는 것이다. 속도는 느리지만 과정은 섬세하고, 말은 적지만 사고는 깊다.

공부를 시작하기 전, 책상을 정리하거나 필기구를 준비하고 노트를 배열하는 등 자기만의 방식으로 마음을 정돈하는 시간을 갖기도 한다. 이를 게으름이나 회피로 보지 말고, 집중을 위한 준비 과정으로 이해해야 한다.

우울질 아이의 조용한 움직임 속에는 치밀함이 숨어 있다. 그 속도를 존중하고 준비의 시간을 인정해줄 때, 배움의 길은 비록 천천히 열리더라도 더 단단하고 오래간다.

점액 기질
루틴과 반복이 공부력을 만드는 아이

아이의 기질을 설명할 때 "자극을 줘도 반응이 없고, 공부를 시켜도 미적미적해요. 혼자서도 하긴 하는데 너무 느려요"라고 말한다면 점액질일 가능성이 높다. 점액질 아이는 강한 자극보다는 평온한 일상, 강요보다는 부드러운 설득이 더 잘 통한다. 시끄럽거나 분주한 환경보다 차분한 분위기 속에서 자기 속도로 학습을 이어간다.

강하게 자기표현을 하지 않고, 동기나 목표의식이 겉으로 잘 드러나지 않아 부모는 '과연 의지가 있는 걸까?' 하는 의문이 들 때도 있다. 적극적으로 질문하거나 계획을 세우는 모습이 적고, 시키는 일만 성실히 해내는 듯 보여 '소극적인 아이'로 오해받기 쉽다.

그러나 점액질 아이는 한 번 익숙해진 시스템 안에서 누구보다 안정적이고 꾸준한 학습을 이어갈 수 있는 힘을 지니고 있다. 이 아이에게 자기주도학습이란 갑자기 몰입하거나 단기간에 성과를 내는 방식이 아니라, 매일 반복하며 하나씩 임무를 완수해 나가면서 '나는 할 수 있어'라는 내적 확신을 만드는 과정이다.

이 아이에게 중요한 것은 자극이나 경쟁이 아니라, 꾸준한 습관

유지와 자신에게 맞는 학습 시스템을 만드는 일이다. 안정감을 중심에 둔 습관화 전략이 적합하다.

1. '심리적 안정감'을 우선하자.

점액질 아이는 예민하거나 충동적인 성향은 없지만, 갑작스러운 변화나 정서적 충격에는 오래 영향을 받기 때문에 공부를 시작할 때는 압박이 아니라 예측 가능한 환경 속에서 마음의 준비가 되어야 한다. 그래서 공부를 시작할 때는 명령하는 말보다 선택권을 주는 말이 훨씬 효과적이다.

"이제 공부하자." (×)

→ "공부할 준비가 되면 알려줘." (○)

점액질 아이는 시작이 느린 편이지만, 일단 흐름이 잡히면 쉽게 무너지지 않고 끝까지 책임지려는 성향이 강하다. 매일 방식이 달라지는 것보다 같은 시간과 같은 순서로 반복되는 루틴에서 안정감을 느끼며 집중력이 높아진다. 예를 들어 '하교 후 정리 → 간식 → 공부 → 독서'와 같이 단순하고 예측 가능한 패턴이 불안감을 줄이고 몰입을 돕는다.

또한 점액질 아이는 복잡한 계획에 약하고, 할 일이 많을수록 먼저 부담을 느낀다. "하루에 이걸 다 끝내야 해?"라는 압박은 오히려 공부를 피하게 만든다. 따라서 이 아이에게 필요한 것은 계획을 잘 세우는 것이 아니라, 세운 계획을 편안하게 지킬 수 있도록 돕는 것이다.

2. 계획보다 습관이 먼저다.

점액질 아이에게는 계획표를 '습관' 중심으로 구성하는 것이 가장 효과적이다. 과목별이 아니라 '시간별', 그리고 무엇을 공부할지보다 '어떻게 시작하고 유지할지'에 초점을 둔 계획이 효과적이다. 예를 들어 다음과 같이 구체적이고 행동 중심으로 적어주는 것이 좋다.

'오전 9시, 세수하고 30분 동안 수학 서술형 문제 3개 풀기'

'오후 7시, 저녁 먹고 30분 쉬고 오늘 수업 노트 정리'

습관을 만들 때는 한 번에 3가지 정도만 유지하고, 계획을 얼마나 달성했는지보다 매일 꾸준히 했다는 '기록 자체'에 의미를 두면 아이의 자존감이 높아진다. 점액질 아이는 정해진 루틴을 잘 따르지만, 단순한 수행에서 멈추지 않도록 작고 일상적인 성취를 자주 인식시켜주는 것이 중요하다. "이틀 연속 집중했네"와 같이 작고 구체적인 피드백이 자기 확신을 크게 강화한다.

또한 이 아이는 반복 학습에도 강한 편이므로 '주간 복습 노트,

비슷한 유형 문제 반복 풀기, 요일마다 정해진 학습 과제' 등을 활용하면 좋다. 오답 정리는 단순히 문제를 다시 푸는 데서 끝내지 않고, '실수 패턴을 찾는 것'에 초점을 맞추면 학습 지속력과 자기 이해력을 동시에 높일 수 있다.

3. '너의 속도대로 가도 괜찮다'고 말해주자.

점액질 아이는 속도가 빠르진 않지만, 한 번 이해하면 오래 기억하는 깊이 있는 학습 능력을 가지고 있다. 중요한 것은 '얼마나 빨리 했느냐'가 아니라 '끝까지 자기 방식대로 완주했느냐'다. 부모는 아이에게 속도보다 지속의 가치를 알려줘야 한다. 이 메시지가 오히려 강력한 동기가 된다.

"다른 애들은 벌써 끝냈대." (×)
→ "너는 네 페이스대로 잘 가고 있어." (○)

또한 점액질 아이는 혼자 조용히 정리하며 배우는 시간에서 큰 강점을 보인다. 수업 후 요점을 다시 쓰거나 자신만의 개념 요약을 만드는 등 혼자 정리하는 시간을 꾸준히 확보해주는 것이 좋다. 아이가 놓친 부분이 있을 때는 바로 지적하기보다 "이 부분은 엄마가 조금 도와줄게"처럼 보조 설계자로서 개입하는 방식이 더 잘 맞는다. 점액질 아이에게 부모는 가르치는 사람이 아니라, 함께 걸어주는 조력자가 되어야 한다.

4. 아이의 진짜 신호를 읽어주자.

점액질 아이는 갈등을 싫어하고, 감정적인 피드백을 들으면 겉으로는 듣는 척하지만 속으로는 흘려듣기 쉽다. 이 상태에서는 책상 앞에 오래 앉아 있어도 학습은 진전되지 않는다. 마음이 이미 멈춰 있기 때문이다.

이 기질은 겉으로 보기엔 '시키면 하는 아이'처럼 보이지만, 사춘기 이후에는 유지되기 어렵다. 속마음을 잘 드러내지 않지만 부모의 말투와 태도에 담긴 감정에는 민감하게 반응하기 때문이다. 그래서 피드백은 질책이 아니라 협의하고 함께 조정하는 톤이 효과적이다.

"왜 계획대로 안 했어?" (×)

→ "이번 주는 좀 힘들었나 보다. 양을 조금 조정해볼까?" (○)

이처럼 차분하고 중립적인 '조율형 대화'가 잘 맞는다. 점액질 아이는 타인의 강한 감정이 자신에게 쏟아지면 그것을 그대로 짊어진다. 그러고는 자책하거나 회피한다. 하지만 객관적인 정보와 선택지를 제시하면 거부감이 줄어들고, 아이가 스스로 조정하는 힘을 키울 수 있다.

점액질 아이의 '중간만 하자'라는 태도 뒤에는 눈에 띄지 않으려는 자기방어가 숨어 있는 경우가 많다. 이 아이는 오래 앉아 있는 것은 누구보다 잘하지만, 공부가 '의미 있는 활동'이 되어야 비로소 집중이 시작된다.

5. 혼자보다 함께, 말보다 행동으로 응원해주자.

점액질 아이는 혼자서도 묵묵히 잘하지만, 감정적으로 연결된 관계 속에서 더 큰 동기를 얻는다. 과한 칭찬이나 경쟁보다 "같이 해보자"는 말 한마디가 더 효과적이다. 부모가 옆에서 책을 읽거나 메모하며 함께 공부하는 시간은 말이 없어도 아이에게 정서적 안정감을 준다.

또한 작은 성취를 함께 공감해주는 경험도 중요하다. "이거 혼자 끝냈네? 간식 하나 먹자"와 같은 일상적인 인정이 보상보다 더 큰 동기부여가 되고, 말보다 행동에서 관심을 느낀다.

이 아이에게 공부는 성과를 내기 위한 경쟁이 아니라, 자기 자신을 차곡차곡 쌓아가는 과정에 가깝다. 그래서 꾸준함을 인정해주는 말이 필요하다.

"매일 했다는 게 정말 대단해."

"이 스케줄을 빠짐없이 지킨다는 게 쉬운 일이 아닌데, 아주 잘 해내고 있어."

아이가 무너졌을 때는 바로 고치려고 하기보다 "괜찮아, 다시 시작하면 돼"와 같은 말과 함께 곁을 지켜주며 힘을 보태는 것이 훨씬 효과적이다. 아이는 그 속에서 다시 일어설 힘을 얻는다.

점액질 아이는 속도는 느리지만, 한 번 익힌 방식을 오래 유지하는 '관성의 힘'이 있다. 겉으로는 말이 적고 목표에 대한 강한 표현도 없지만, 내면에는 천천히라도 자신을 완성해가려는 의지가 자리하고 있다.

이 아이에게 자기주도학습이란 많은 양을 빠르게 해내는 것이 아니라, 스스로 유지할 수 있는 안정적인 학습 패턴과 규칙을 만들어가는 과정이다. 다만 그 시작점에서는 부모가 과정을 함께하고, 옆에서 조용히 속도를 맞춰주는 동반자가 되어줄 필요가 있다. '오래 가고, 멀리 가는 힘'이 점액질 아이가 가진 가장 큰 공부 재능이다.

03

마음을 알아주면 공부는 따라온다

밖에서는 누구에게나 예의 바르고 칭찬이 자자한 모범생이지만, 현관문을 열고 들어오는 순간부터 엄마에게 짜증을 쏟아내고 사소한 일에도 트집을 잡는 경우가 있다. 집 안팎의 극단적인 온도차이로 부모의 혼란은 극에 달한다. 실제로 많은 어머니들이 "내가 감정 쓰레기통도 아닌데, 밖에서 쌓인 화풀이를 나한테만 한다"며 고통을 호소하곤 한다.

도대체 왜 아이들은 가장 사랑하는 부모에게 이토록 잔인하게 굴까? 아이들의 마음을 들여다보면 이유가 분명하다. 학교와 사회에서 '좋은 학생, 좋은 친구'라는 역할을 수행하며 엄청난 정서적 에너지를 소모하지만, 집은 절대적으로 안전한 공간이라는 믿음이 있다. 그래서 집에 오면 억눌린 피로와 감정을 가장 안전한 대상인 부모에게 쏟아내는 것이다. 이러한 모습은 아이의 기질에 따라 다양하게 나타나며, 이에 따른 도움 방식 또한 달라진다.

구분	감정 폭발 이유	짜증 형태	내면의 말
다혈 기질	밖에서는 밝고 사교적이어서 많은 정서적 에너지를 소모한다.	감정적 표현, 거친 말투	'나 지금 힘들어, 나 좀 봐줘.'
담즙 기질	강한 통제를 받을 시 자존심이 상한다.	반항, 명령조, 짜증 섞인 논쟁	'나는 통제당하기 싫어!'
우울 기질	외부에서 긴장과 불안을 억누르며 피로가 누적된다.	한숨, 예민함, 줄어든 말수	'나 너무 지쳤어, 위로받고 싶어.'
점액 기질	겉으론 평온하지만 속으로 감정이 쌓인다.	조용히 삐지거나 무반응	'나도 말하고 싶지만 엄마까지 상처받는 건 싫어.'

아이가 집에서 짜증을 쏟아내는 심리적 이유

다혈 기질

"왜 밖에서는 잘하면서 집에선 이래?"와 같은 말은 피하는 것이 좋다. 대신 "오늘 하루 사람들 만나느라 힘들었지?"처럼 아이의 상황과 감정을 공감하는 말이 필요하다.

이 기질의 아이는 말보다 표정이나 스킨십을 통해 감정을 풀 때 회복이 빠르며, 충분한 식사와 휴식, 숙면이 정서적 안정에 많은 도움이 된다. 또한 울거나 짜증으로 감정을 폭발시킨 후에는 부모가 분위기 전환을 도와주면 회복 속도가 한층 빨라진다.

담즙 기질

감정적으로 맞대응하거나 논쟁으로 이기려는 접근은 피해야 한다. 대신 “지금 네 말이 맞을 수도 있어. 그런데 엄마는 이렇게 느껴”처럼 아이의 의견을 인정하면서 부모의 입장을 함께 전달하는 방식이 효과적이다.

이 기질의 아이는 논리적으로 설명을 듣고 자신의 판단하에 선택할 수 있을 때 안정된다. 감정을 조절하는 법도 꾸중이 아니라, 아이에게 책임과 권한을 주면서 배우도록 하는 것이 좋다. 또한 이 아이의 짜증은 마음속 불만이나 요구를 드러내는 방식이므로, 부모가 감정으로 맞받아치지 않도록 주의해야 한다.

우울 기질

“말 좀 해봐, 대답해!”처럼 대답을 강요하는 말은 피하는 것이 좋다. 대신 “지금은 말하기 싫을 수도 있지. 괜찮아, 준비되면 말해줘”처럼 아이의 상황과 감정을 존중하며 기다려주자.

이 기질의 아이는 즉각적인 반응보다 충분한 기다림이 중요하며, 칭찬은 구체적인 사실에 기반해 전달하는 것이 효과적이다. 또한 비난 없는 대화를 통해 아이와의 신뢰를 꾸준히 쌓는 것이 중요하다.

점액 기질

"너는 왜 맨날 무표정이야?"와 같은 말은 피하는 것이 좋다. 대신 "조용해서 모를 뻔했네. 속으로 많이 힘들었지?"처럼 아이의 마음을 헤아리는 말이 필요하다.

이 기질의 아이는 감정을 밖으로 표현하는 법을 배우도록 돕는 '언어 모델링'이 필요하며, 대화보다는 함께 있는 시간으로 안정감을 주는 것이 효과적이다. 또한 이 기질은 변화나 강한 자극보다는 무슨 일이 일어날지 알 수 있는 안정된 환경에서 힘을 발휘한다.

아이가 집에서 짜증을 낸다는 것은 밖에서 사회를 배우고 견디며 성장하고 있다는 가장 확실한 신호다. 짜증을 단순히 훈육하려 하기보다는 아이가 힘든 감정을 "힘들다"라고 말하고, 기분 나쁜 일을 차분하게 풀어보는 '감정 언어화 연습'을 하도록 도와주자.

다만 점액질 아이처럼 표현을 잘하지 못하는 경우에는 부모가 먼저 짜증 속에 담긴 감정의 피로를 읽고 해석해주는 세심한 노력이 필요하다. 여기서 주의할 점은 아이의 기분이 상한 것과 예의가 없는 것은 부모가 구분할 필요가 있다.

사회는 아이에게 조건 없는 사랑을 주는 집과 달리 '내가 살아가는 방법'을 끊임없이 배우고 평가를 받는 곳이다. 부모로서 그 모습이 보기 힘들고 안쓰러울 때도 있겠지만, 불안과 긴장을 해소하는 것은 아이가 스스로 세상에 대처하고, 삶을 통제하고 이끄는 존재로 자리매김하는 데 꼭 필요한 성장 과정이라는 것을 기억하자.

04

아이를 틀 안에서 꺼냈을 때 보이는 것들

지금까지 아이의 기질을 4가지(다혈, 담즙, 우울, 점액)로 나누어 살펴보았다. 그런데 여기서 반드시 기억해야 할 점이 있다. 사람을 4칸에 정확하게 분류하는 것은 불가능하다는 사실이다. 누구나 4가지 기질을 모두 가지고 태어나며, 그중 상대적으로 가장 강하게 드러나는 것이 주기질이 되고, 다음으로 드러나는 기질이 보조기질이 되는 것이다.

앞서 이해를 돕기 위해 기질을 4가지로 나누어 설명했지만, 기질은 단일한 '성격 유형'이 아니다. 4가지 기질이 어떤 비율로 섞여 있는지에 따라 각자의 색이 달라진다. 한 아이 안에서도 상황에 따라 서로 다른 기질이 드러나고, 그 조합에 따라 행동 패턴, 학습 방식, 감정 반응이 다양하게 나타난다.

예를 들어 어떤 아이는 다혈 기질이 주기질이지만 점액 기질이 보조로 작용하는 '다점' 유형일 수 있다. 이런 아이는 사교적이고 에너지가 넘치면서도, 한 번 익숙해지면 꾸준함을 유지하는 힘을 지닌다.

반대로 담즙 기질이 주기질이고 우울 기질이 보조로 작용하는 '담우' 유형의 아이는 목표 지향적이면서 기준이 명확하고, 세밀하게 계획을 세우는 성향을 보인다. 큰 틀을 스스로 잡는 동시에 정리와 계획력에서도 강점을 보여 학습 과정에서 주도성과 꼼꼼함이 함께 발휘된다.

이처럼 주기질과 보조기질의 조합은 한 사람의 학습 스타일, 대화 반응, 정서적 상호작용에 미묘하지만 결정적인 차이를 만들어 낸다.

기질에 영향을 주는 요소들

기질이 드러나는 방식은 성별, 출생순서, 부모의 기질과 양육 환경의 영향을 크게 받는다. 먼저 성별을 살펴보면, 사회 문화적으로 남아와 여아에게 기대되는 행동 방식이 다르기 때문에 같은 기질이라도 표현 양상이 달라질 수 있다.

사회에서 남성에게는 진취적이고 주도적인 역할을 기대하는 경우가 많아, 남아는 성장 과정에서 자연스럽게 담즙 기질의 특성인 리더십, 추진력, 실행력을 배우고 강화하는 경향이 있다. 반면 여성은 문화적으로 가정과 육아, 조직 안에서의 세심한 역할을 요구하여 우울 기질의 세밀함, 꼼꼼함, 빈틈없는 준비성을 더 많이 학습하고 표현할 때가 많다.

또 다혈 기질의 여아는 밝고 사교적인 모습이 자연스럽게 드러나는 반면, 다혈 기질의 남아는 에너지가 강하게 분출되며 '산만하다', '장난꾸러기 같다'는 오해를 받기도 한다. 이는 기질이 다르기 때문이 아니라, 사회적 환경이 기질이 드러나는 방식을 다르게 만들기 때문이다.

출생순서 역시 기질의 발현에 중요한 역할을 한다. 맏이, 둘째, 막내 등 가족 내 역할은 아이가 어떤 기질을 더 앞세워야 생존하고 인정받을 수 있는지를 결정짓는다. 예를 들어 우울 기질이 주기질인 아이가 맏이로 태어났다면, 자신의 꼼꼼함과 책임감을 앞세워 부모의 기대에 부응하려는 경향이 강해진다. 반면 같은 우울 기질이라도 막내로 태어난 아이는 '귀여움'이나 '느긋함'이 강조되어 점액 기질의 특성이 더 부각될 수 있다.

담즙 기질 아이가 둘째인 경우, 첫째와의 경쟁 속에서 더욱 주도적이 되거나, 반대로 첫째의 존재감에 눌려 겉으로는 점액 기질 아이처럼 조용하고 순응적인 모습을 보일 수도 있다. 가족 안에서의 위치는 단순한 서열을 넘어, 어떤 기질이 전면에 드러나고 어떤 기질이 뒤로 물러나는지를 조정하는 무대가 된다.

무엇보다 큰 영향을 미치는 것은 '부모의 기질과 양육 환경'이다. 아이는 자신의 기질만으로 성장하지 않는다. 가장 가까운 양육자의 말투, 태도, 분위기, 기대치 등을 '학습'하며 자신의 기질을 표현하는 방식을 만들어간다.

예를 들어 점액 기질이 강한 아이가 담즙 기질의 부모 밑에서 자라면, 느긋함을 반복적으로 지적받고 압박받는 경험을 통해 겉으로는 담즙형처럼 계획적이고 주도적인 것처럼 '훈련'받을 수 있다. 하지만 그렇게 자란 아이는 담즙 부모의 장점뿐 아니라 '서두름, 압박, 자신을 지나치게 몰아붙이는 태도'까지 함께 익히게 된다. 이때 아이는 본래의 느긋함은 사라지고, 부모의 기대를 맞추기 위해 늘 긴장된 마음으로 공부하게 된다.

반대로 담즙 기질 아이가 점액 기질의 부모 밑에서 자라면, 온화한 점과 관계를 부드럽게 만드는 강점을 배우기도 하지만, 자신의 강한 추진력이나 리더십을 충분히 발휘하지 못하고, 먼저 주변에 맞추는 법부터 배우게 될 수 있다. 이처럼 아이는 자신의 기질과 부모의 기질이 만나는 지점에서 행동 표현의 패턴을 스스로 조정한다.

이러한 현상은 '학습된 기질'이라는 개념으로 설명할 수 있다. 인간은 타고난 기질대로만 살아가는 존재가 아니라, 환경에 적응하며 다른 기질적 요소를 배우고 흡수해 나가는 존재다. 성장 과정에서 '이렇게 행동해야 인정받는다', '저렇게 하면 혼난다'와 같은 경험이 반복되면서 표현 방식이 조정된다.

예를 들어 본래 다혈 기질인 아이가 우울 기질의 부모 밑에서 "조용히 해", "가만히 있어"라는 말을 반복적으로 듣고 자란다면, 겉으로는 점액형처럼 조용하고 순응적인 아이로 보일 수 있다. 하지만 그것은 본래 기질이 아니라, 환경이 만들어낸 학습된 반응이다. 겉으로 드러나는 모습만 보고 기질을 단정하면, 실제 내면과 전혀 다른 해석을 할 수 있는 이유가 여기에 있다.

따라서 기질을 이해할 때 이 아이는 '다혈이다', '담즙이다' 식으로 단정 짓는 것은 매우 위험하다. 겉으로 담즙형처럼 보이지만 실제로는 우울 기질이 주기질일 수도 있고, 반대로 겉으로 점액형처럼 보이지만 내면에는 담즙 기질의 강한 주도성이 숨겨져 있을 수도 있다. 이런 경우 겉모습만 보고 공부법이나 양육 방식을 설정하면 오히려 아이의 본래 에너지 흐름을 억누르게 된다.

예를 들어 담즙처럼 보이는 우울 기질 아이에게 '리더십과 목표 설정'만 강조하면 내면의 불안을 간과하게 되고, 반대로 점액처럼 보이는 담즙 기질 아이에게 루틴과 반복만 강조하면 아이의 주도성이 억눌려 동력을 잃는다. 따라서 아이가 겉으로 표현하는 말과 행동뿐만 아니라, 속마음과 숨은 이유까지 살펴볼 필요가 있다.

많은 부모들이 기질 검사를 마치고 나면 "우리 아이는 다혈인가요, 우울인가요?", "다담이면 어떻게 키워야 하죠?"와 같이 MBTI의 유형 구분처럼 결과를 단정적으로 받아들이려는 경향이 있다. 하지만 검사는 출발선일 뿐, 기질의 이름 자체가 중요한 것이 아니라 부모와 아이의 기질이 만났을 때 관계 안에서 어떤 상황이 벌어지고, 그 상황을 서로 어떻게 받아들이는지가 핵심이다.

아이의 기질이 문제가 아니라, 부모의 피드백 방식과 아이의 감정 반응이 어긋나는 순간에 갈등이 생긴다. 부모가 같은 말과 행동을 해도 어떤 아이는 받아들이고, 어떤 아이는 상처받는다. 부모도 마찬가지로 기질에 따라 같은 상황도 다르게 받아들일 수 있다.

결국 기질은 사람을 고정된 틀에 가두는 분류표가 아니다. 나와 너의 차이를 읽어내고 연결하는 언어이다. 누구는 빠르고, 누구는 느리고, 누구는 겉으로 표현하고, 누구는 속으로 곱씹는다. 누구는 목표에 집중하고, 누구는 과정에 반응한다. 누구는 양을, 누구는 질을 중요하게 생각한다. 이 차이를 '왜 이러지?'에서 '이렇게 받아들이는구나'로 바꾸는 순간, 부모와 아이의 관계에서 진짜 변화가 시작된다.

기질은 부모가 아이를 다시 이해하게 만드는 언어이며, 아이가 자신을 나답게 만드는 언어이다. 4가지 분류는 이해의 첫걸음일 뿐이다. 주기질과 보조기질의 조합, 성별, 출생순서, 양육 환경까지 함께 읽어낼 때 비로소 아이를 입체적으로 이해할 수 있다. 기질은 정답을 찾는 검사가 아니라, 관계를 다시 만들어가는 과정이다.

3장

아주 작은 공부 습관부터 바꿔보자

01

즉흥형(P) 아이도 계획형(J)이 되는 3단계 목표 설정법

아무런 계획 없이 하루를 시작하는 것은 마치 나침반 없이 바다로 나서는 것과 같다. 방향을 알지 못한 채 파도에 휩쓸려 떠다니다 보면, 하루가 끝날 무렵 "오늘 한 것도 없는데 벌써 시간이 됐네"라는 말이 저절로 나온다.

상담했던 한 학생은 직접적으로 조언 듣는 것을 싫어해서 내게 돌려서 질문하곤 했다.

"쌤, 제 친구 이야기인데요, 걔가 공부를 못하는데 이제부터 좀 해보겠다고 찾아오면 제일 먼저 무슨 말씀을 해주실 거예요?"

나는 먼저 '공부의 이유'를 찾는 것이 중요하다고 알려주고, 자세한 방법에 대한 이야기를 이어갔다.

아이가 공부를 시작할 때 가장 먼저 해야 하는 일은 '왜 공부를 해야 하는지 이유'를 점검하는 것이다. 스스로 납득할 수 있는 이유가 있다면, 다음 단계는 목표와 계획을 세우는 것이다. 여기서 말하는 것은 단순히 버킷리스트처럼 막연한 꿈을 적는 것이 아니다. 멋지게 보이는 목표나 다짐이 아니라, 노력하면 누구나 달성할 수 있는 구체적인 목표부터 세워야 한다.

그러고 나서 그 목표를 달성하기 위한 실천 방법을 세분화하는 것이 중요하다. 우선, 목표가 몇 년이라는 시간이 필요한 장기 과제인지, 아니면 한 달 안에 달성해야 하는 단기 과제인지 구분해야 한다. 목표의 성격에 따라 계획이 달라지기 때문이다.

처음에는 계획을 세워본 경험이 없어 자신을 돌아보는 데 시간이 오래 걸릴 수 있다. 하루 종일 계획을 세우는 데만 시간을 쓸 수도 있지만 괜찮다. 한 번 해보면 두 번째는 더 빨라지고, 반복하다 보면 계획 세우기가 일상이 된다.

계획을 세워보라고 하면 "저는 MBTI가 P(즉흥형)라서요. 그건 J(계획형)성향이나 하는 거 아닌가요?"라고 하면서 꼭 딴지를 거는 학생들도 있다. 하지만 P라고 해서 계획 자체가 필요 없는 것은 아니다. 오히려 계획대로 되지 않았을 때 융통성을 발휘하는 것은 P 성향의 아이들이다.

문제는 요즘 아이들의 하루가 너무 빽빽하다는 데 있다. 자신이 세운 계획을 지키기 위해 바쁜 게 아니라, 학교 수행평가, 학원 수업과 숙제까지 있다 보니 '계획을 세워보자'는 권유는 아이들에게 어쩌면 시간 낭비처럼 들리기 쉽다. '플래너를 써라', '계획이 있어야 공부도 된다'라는 조언은 익숙하지만, 계획이라는 단어는 의욕이 생기게 하기보다는 압박으로 다가오는 경우가 많다.

하지만 매년 수능 만점자 인터뷰를 보면 학습플래너를 썼다는 내용이 나온다. 무작정 따라 하기보다 중요한 건 목적을 구분하는 것이다. 부모님께 검사를 받거나 계획표를 꾸미는 게 목표인지, 아니면 스스로 실천 과정을 한눈에 보기 위해 만드는 건지 구분해야 한다. 이 차이를 분명히 알면 계획을 세우고 실천하고 확인하는 일은 아이를 옭아매는 일이 아니라, 시간을 효율적으로 활용하고 조정하는 연습이 될 수 있다.

가정에서 아이와 함께 공부 계획을 세울 때, 부모가 미리 알아두면 도움이 되는 사항들을 살펴보자.

1. 아이에게 맞는 목표와 계획을 세우게 하자.

"옆집 ○○는 영어 시험에서 100점을 받았대. 이번 시험이 쉬웠나봐?"

"○○는 벌써 중1 수학 선행을 벌써 두 번이나 끝냈다더라."

아이가 세운 목표가 사실은 남의 목표일 때가 많다. 아이가 엄마나 친구들의 이야기를 듣고 남과 자신을 비교하며 목표를 착각하는 경우다. 목표와 계획은 내 아이만의 기준으로 세워야 한다.

예를 들어 시험에서 수학 점수를 40점 받았다면 목표는 100점이 아니라 50점이어야 하고, 계산 문제를 자주 틀린다면 계획은 매일 최상위 수학문제집 2장씩 풀기가 아니라 연산 문제집 3장씩 정확히 풀기여야 한다.

아이의 친구가 하루에 영어 단어를 50개씩 외운다고 해서 그대로 따라 하게 할 필요는 없다. 대신 '오늘은 영어 단어 10개, 내일은 어제 외운 단어 복습과 새로운 단어 10개'처럼 아이의 수준과 속도에 맞는 실현 가능한 계획을 세우는 것이 중요하다. 이렇게 목표를 세우고 하나씩 성취해보는 경험이야말로 아이를 '나는 할 수 있는 사람'으로 바꾸는 진짜 힘이 된다.

2. 3가지 수준의 목표를 적게 한다.

계획을 잘 세우고 세분화해도, 아이들은 여전히 어렵다고 느끼는 경우가 많다. 하루만 계획을 못 지켜도 '역시 난 안 되는구나'라는 생각에 빠지기도 한다. 이때 필요한 것은 완벽함이 아니라 계획을 조율하는 연습이다. 계획은 한 번 세우면 중간에 수정 없이 끝까지 밀어붙여야 하는 것이 아니다. 물론, 자신과의 약속을 지키기 위해 노력하는 것도 중요하지만, 지키지 못했을 경우 그다음에 어떻게 대처할지 생각하는 유연함도 필요하다. 또한 계획을 지키지 못했다고 자신을 비하하고 자존감을 깎아내리는 것은 정신 건강에 좋지 않다.

계획대로 되지 않았을 때 다시 설계하는 과정이 더 중요하다는 것을 아이에게 알려줘야 한다. 이때는 목표를 '최소, 적정, 여유' 3단계로 나누게 하는 것이다. 이 목표 설정법은 하루 계획을 세울 때뿐 아니라, 저녁 시간처럼 일정 시간을 계획할 때도 활용할 수 있다.

① 최소 목표: 오늘 반드시 해야 하는 것

② 적정 목표: 최소 목표를 달성한 후 추가로 하면 좋은 것

③ 여유 목표: 시간과 에너지가 남을 때 해도 되는 것

하루 계획

하루를 시작하기 전에 아이와 함께 3가지 목표를 적는다. '최소 목표 1~2개, 적정 목표 1개, 여유 목표 1개'로 나눈다. 이때 부모가 강요하기보다는 "오늘 네가 꼭 끝내고 싶은 것은 뭐야?"라고 의사를 물으며 선택권을 주자. 그리고 목표로 한 과제의 양은 아이에게 맞게 조절해준다.

시간 계획

예를 들어 저녁 7~9시 공부 계획을 세울 때는 '8시까지 최소 목표를 달성하고, 남은 시간에 적정 목표를 시도하며, 에너지가 남으면 여유 목표를 달성'한다. 이렇게 해야 할 일을 중요한 순서대로 관리한다.

계획대로 되지 않을 때는 아이가 '최소→적정→여유 순서'로 목표를 다시 배치하도록 돕는다. 부모가 아이에게 "왜 이것도 못해?"라고 묻는 것은 허공에 의미 없는 질문을 하는 것과 같다. 대신 "그럼 지금부터는 최소 목표만 해보자. 적정과 여유 목표는 내일로 옮기면 돼"라고 말해준다. 이 과정을 통해 아이는 '조율하면서 계획을 다시 시작할 수 있다'는 것을 배우게 된다.

목표를 단계별로 나누는 이유는 계획대로 되지 않더라도 포기해 버리지 않고, 아이가 '오늘 최소 목표는 달성했으니 괜찮다'는 기준을 가지고 다시 시작할 수 있도록 하기 위해서다.

3. 블록 단위로 계획을 세우게 하자.

많은 아이들이 계획을 세우라고 하면 시간을 분 단위로 쪼개다가 오히려 실패하는 경우가 많다. 예를 들어 '오후 5시부터 5시 40분까지 수학, 5시 40분부터 6시 20분까지 영어'처럼 세밀하게 세운 계획은 보기에는 그럴듯해 보이지만, 예상치 못한 변수가 생기면 순식간에 무너지고 만다. 중요한 것은 완벽한 계획이 아니라 지킬 수 있는 계획이다.

그래서 나는 하루를 2~3개의 큰 블록으로 나누는 블록 단위 계획을 추천한다. 평일은 '저녁 식사 전과 후', 주말은 '오전, 오후, 저녁'으로 구분할 수 있다. 예를 들면 평일 '저녁 식사 전'에는 영어 단어 암기와 수학 숙제, '저녁 식사 후'에는 과학 개념 암기와 수행평가 준비를 하는 식이다. 이렇게 하면 해야 할 일이 한눈에 들어오고, 계획이 흐트러졌을 때도 쉽게 조정할 수 있다. 단순히 시간을 채우는 것이 아니라, 아이가 계획한 일을 밀도 있게 해낼 수 있도록 해주자.

아이마다 다른 '공부 강점 스위치'를 찾아라

앞서 소개한 3가지 방법과 아이 기질의 강점을 활용하면 학습 효과를 높일 수 있다.

다혈 기질

다혈질 아이는 해야 할 일이 있다고 하더라도 상황이나 기분에 따라 영향을 받아 변동성이 크다. 따라서 계획은 너무 타이트하지 않고, 가볍게 세울 수 있게 만들어주는 것이 좋다.

담즙 기질

담즙질 아이는 계획을 세밀하게 짜지 않아도 지금 당장 가야 할 방향이 분명하면 바로 움직인다. 핵심을 잡고 시작하면 세부 과정은 스스로 채우며 밀고 나가기 때문에 목표와 우선순위를 간단히 정리해주는 것이 효과적이다.

우울 기질

우울질 아이는 계획과 자료 정리를 꼼꼼하게 하지만, 과도한 준비로 시작이 지연되기 쉽다. 따라서 시간, 공부의 양, 완성도의 기준을 세워주어 시작할 수 있게 하자.

점액 기질

점액질 아이는 목적이 명확하고 과정이 안정되면 느리더라도 끝까지 간다. 공부의 이유를 납득시키고, 계획을 반복 가능한 루틴으로 연결해주는 것이 효과적이다.

자기주도학습을 한다는 것은 단순히 계획을 잘 세우는 것이 아니다. 계획을 어떻게 다루느냐가 더 중요하다. 아이는 단순히 성적을 올리기 위해 공부하는 것이 아니라, 공부하면서 스스로 시간을 관리하고 책임지는 연습을 하는 것이다. 계획이 나를 평가하는 도구가 아니라, 내 하루와 인생을 설계하는 도구라는 것을 알게 될 때 아이는 저절로 달라지기 시작할 것이다.

02

교과서를 3배속으로 마스터하는 법

중학생 아이들과 상담하다 보면, 생각보다 많은 아이들이 공부를 할 때 교과서를 제대로 보지 않고 바로 문제집으로 넘어간다. 아이들 입장에서는 자습서와 문제집에 있는 설명이 더 자세하고 친절하기 때문에 교과서는 굳이 볼 필요가 없다고 생각하는 것이다.

그렇다면 자습서나 문제집에 정리되어 있는 개념 정리는 꼼꼼히 읽는가? 그것도 아니다. 대부분의 아이들은 곧바로 문제풀이로 넘어간다. 또 한 가지 문제는 자습서나 문제집은 요약이 잘 되어 있어 아이들이 중요한 내용을 스스로 정리하지 않는다는 점이다. 이 공부법은 다른 사람이 정리한 내용을 그대로 외우는 것밖에 안 된다.

자습서는 분명 도움이 되는 좋은 도구다. 하지만 교과서를 대신하기에는 아쉬움이 있다. 교과서는 국가 교육과정을 교육부가 심의하고 승인한 책으로 '해당 학년 아이들이 반드시 알아야 할 최소한의 개념과 학습 내용'을 담은 기준서다. 문제집과 자습서는 그 기준을 보완하는 역할일 뿐, 학습의 중심축이 될 수 없다. 그래서 자기주도학습은 교과서를 '내 언어로 만드는 것'에서 시작된다.

교과서를 보면 각 단원의 학습 목표, 필수 개념, 예제, 탐구활동까지 '왜 이 단원을 배우는지' 흐름을 알 수 있다. 문제집을 풀다가 이해가 되지 않는다고 목적 없이 내용만 달달 외우기보다 반드시 교과서로 돌아가 원리를 읽고, 스스로 정리하는 연습을 해야 한다.

실제로 공부를 잘하는 아이들은 공부 순서가 일정하다.

① 먼저 교과서를 통해 단원의 구조를 파악하고 핵심 내용을 이해한다.

② 자습서는 이해가 부족한 부분을 보충하는 데 활용하고,

③ 문제집은 교과서 개념을 다양하게 적용하는 데 쓴다.

이 과정에서 교과서는 문제풀이에 앞서 사고의 순서를 정리해주는 안내서이자, 공부 전체를 지탱하는 뼈대 역할을 한다.

교과서를 내 언어로 바꾸는 연습

교과서로 공부할 때 가장 좋은 방법은 내용을 '내 언어로 바꾸어 이해하고 정리하는 것'이다. 단순히 교과서를 읽는 것과 그것을 '내 것'으로 만드는 것은 다르다. 중요한 개념이나 용어를 다른 색으로 표시하고, 밑줄을 긋고 요약을 한다. 중요한 문장의 일부를 빈칸으로 두고 스스로 채우거나, 개념을 친구나 부모에게 설명해보는 방법도 효과적이다. 이 과정을 통해 단순히 고개를 끄덕이며 넘어가는 수준을 넘어, 배운 내용을 '재구성하는 힘'을 기를 수 있다. 자기주도학습은 바로 이 힘에서 시작된다.

그렇다면 교과서만 정독하는 것이 정답일까? 그렇지는 않다. 교과서로 기본 개념을 탄탄히 다졌다면, 그다음 단계는 문제풀이다. 쉬운 문제부터 시작해 점차 난이도를 높여가며 개념을 적용해보는 것이다. 예를 들어 한 문제를 5분 이상 고민해야 풀 수 있다면 그것이 바로 아이에게 맞는 '심화 문제'다. 남들이 어렵다고 말하는 문제 수준에 맞출 필요는 없다.

학년이 올라갈수록 교과서를 중심에 두고 공부한 아이와 그렇지 않은 아이의 차이는 확연해진다. 교과서를 건너뛰고 문제집만 붙잡는 아이는 풀이 기술에는 능할지 몰라도, 조금만 낯선 유형이 나오면 막힌다. 반면 교과서를 기반으로 공부한 아이는 단순한 문제풀이를 넘어 개념을 연결하고 확장하는 힘을 키운다. 이 힘은 새로운 문제를 만나도 스스로 해석하고 적용할 수 있는 진짜 사고력으로 이어진다.

교과서를 읽는 것은 문해력을 기르는 가장 안정적인 방법이기도 하다. 바쁜 학교 일정 속에서 별도의 독서 시간을 확보하기 어렵다면, 교과서 읽기 자체가 훌륭한 독해 훈련이 된다. 교과서에는 해당 학년에서 익혀야 할 어휘와 문장 구조가 모두 담겨 있어 긴 글을 읽고 이해하는 힘을 차근차근 키울 수 있다. 만약 교과서가 어렵게 느껴진다면 한 학년 낮은 교과서를 다시 읽는 것이 오히려 이해력을 올릴 수 있는 가장 빠른 길이 된다.

예를 들어 중학교 2학년 과학의 원리가 잘 이해되지 않는다면 중1 교과서로 돌아가 보고, 그래도 막힌다면 초등 교과서까지 확인하는 것이 훨씬 빠르게 이해하는 길이다. 중학교 3학년 때 이차함수 단원을 아무리 공부해도 이해가 되지 않는다면, 중2 교과서의 일차함수부터 다시 보는 것을 권한다. 처음에는 자존심이 상할 수도 있지만, 수학은 연계성이 매우 강한 과목이다. 기초부터 다시 차근차근 쌓아가면 반드시 연결되는 순간이 온다.

수학뿐 아니라, 2028년 변화되는 교육과정 이후로 과학과 사회 과목 고등 과정이 더욱 어려워졌다. 중학교 때부터 개념을 정확히 이해하고 실력을 탄탄히 다져온 학생이라면 고등 과정에서 문제가 없겠지만, 대충 훑고 지나왔다면 벽에 부딪힐 수 있다.

학년을 내려가 공부하는 것은 뒤처지는 것이 아니라, 더 멀리 가기 위한 기초를 다지는 것이다. '그때 못했지만 지금이라도 구멍 난 부분을 메꾸자'는 마음으로 접근하면 된다. 자기주도학습은 남보다 빨리 가는 것이 아니라, 나만의 속도를 스스로 찾아가는 것임을 아이에게 꼭 알려주어야 한다.

반대로 어릴 때부터 개념을 꼼꼼하게 잡고 구멍 없이 올라온 학생이라면 고학년이 되면서 심화나 선행학습을 하는 것이 전혀 문제가 없다. 이러한 학생에게 심화와 선행학습은 더 깊이 있게 공부할 수 있는 기회이고, 학년이 올라가면서 부족한 시간을 확보할 수 있는 도전이 된다.

대부분의 중학교 시험은 수업 시간에 다뤘던 교과서나 교재, 프린트물 안에서 출제된다. 개념을 정확히 이해했다면, 문제의 형태가 객관식이든 주관식이든 본질은 같다.

더 많은 문제집을 반복해서 풀기 전에, 교과서를 통해 개념이 제대로 정리되어 있는지부터 확인해야 한다. 이 과정을 거친 뒤에 문제 풀이를 시작하면 공부는 '따라가는 것'이 아니라 '끌고 가는 것'으로 바뀌게 된다.

03

학원 선행 10시간보다 강력한 하루 10분의 비밀

아이들과 상담을 하다 보면 “학원에서 선행하니까 예습은 안 해도 되죠? 필요 없잖아요”라고 말하는 경우가 많다. 얼핏 들으면 그래도 된다고 생각할 수 있지만, 사실 예습과 선행은 전혀 다른 개념이다. 선행을 했다고 해서 ‘다 아는 상태’가 되는 것이 아니며, 예습이 필요 없는 것은 더욱 아니다. 선행은 앞서 배우는 것이고, 예습은 내용을 이해하기 위한 준비다. 그래서 선행을 했더라도 예습은 필요하다.

예를 들어 자동차 운전면허 교재를 몇 번 훑어봤다고 해서 실제 도로에서 바로 운전할 수 있을까? 절대 그렇지 않다. 규칙을 아는 것만으로는 실제 도로 상황을 이해하고 대응하는 능력이 생기지 않는다.

선행학습도 마찬가지다. 학원에서 진도를 빠르게 나갔다고 해서 개념을 완벽히 소화한 것은 아니며, 대충 훑고 넘어갔다면 오래 기억할 수 없을 뿐만 아니라 정작 수업 시간에 필요한 부분을 놓칠 수 있다. 따라서 선행 여부와 상관없이 예습은 반드시 필요하다.

다만, 기초부터 응용 및 심화까지 충분히 이해하면서 선행을 나가는 학생이라면 예습 목적이 조금 달라진다. 새로운 내용을 미리 이해하기 위한 시간이 아니라 '이번 단원에서 무엇을 확인해야 하는지', '내가 놓친 부분은 없는지', '헷갈리는 개념이 있다면 어떤 부분을 점검해야 하는지'를 스스로 체크하는 시간이 된다. 즉, 이때의 예습은 내가 알고 있는 것을 정교하게 다듬고 적용력을 높이는 과정으로 확장된다.

하지만 일반적으로 예습의 목적은 '완벽한 이해'가 아니라, 배울 내용을 수업 전에 미리 마중 나가는 것이다. 따라서 예습은 교과서의 단원을 처음부터 끝까지 꼼꼼히 파고드는 것이 아니라, 가볍게 훑으며 이번 수업의 핵심 개념이 무엇인지 감을 잡는 것이 중요하다. 예습할 때 스스로 던져봐야 하는 질문은 단순하다. 학습목표에 나와 있는 내용을 파악해 보려고 하면 된다.

"이번 단원에서는 무엇을 배울까?"

"이 용어는 무슨 뜻일까?"

이 정도면 충분하다. 모르는 부분이 생기면 억지로 찾아보지 않아도 된다. '이 부분은 잘 모르겠네' 하고 표시만 해두고, 수업 시간에 집중해서 듣게 하는 것이 훨씬 효율적이다. 실제로 예습을 한 아이와 하지 않은 아이는 수업 태도부터 다르다. 예습을 한 아이는 선생님의 설명 속에서 핵심을 빠르게 포착하고, 모호했던 부분을 새롭게 이해하는 '발견의 경험'을 한다.

반면 아무런 준비 없이 수업에 들어오는 아이는 선생님의 말을 처음부터 끝까지 따라가느라 벅차서, 정작 중요한 개념을 놓치기 쉽다. 그래서 나는 아이들에게 예습은 수업을 위한 예열이라고 설명한다. 본 운동에 들어가기 전 몸을 미리 풀어주듯, 예습은 뇌를 수업에 최적화된 상태로 만드는 준비 과정이다.

사실 아이들이 예습을 어려워하는 가장 큰 이유는 '완벽하게 이해해야 한다'는 부담 때문이다. 이 생각 때문에 예습을 시키면 교과서 한 단원을 몇 시간씩 붙들고 씨름하는 경우가 많다.

하지만 예습의 목적은 완벽한 이해가 아니다. 학습의 흐름을 미리 파악하면서 궁금한 점을 표시하고, 수업에 집중할 준비를 하는 것이 핵심이다. 예습을 완벽히 해내야 한다는 강박에서 벗어나면 오히려 수업 효과는 더 높아진다. 그리고 오히려 예습 단계에서 모르는 개념이 많을수록 좋을 수 있다. 수업 시간에 '이거 예습할 때

몰랐던 부분이네' 하며 집중력이 높아지기 때문이다.

실제 상담에서 만난 한 중학생 아이의 성적은 늘 제자리였다. 평소 예습을 전혀 하지 않고 수업만 겨우 따라간다는 말에 '진도보다 빠르게 교과서를 훑어보기'라는 미션을 주었더니 처음에는 귀찮아하면서도 한 달 뒤 시험에서 놀라운 변화를 보여줬다.

다음 상담에서 아이는 "예습을 하니까 수업 시간에 귀가 열리는 느낌이었어요"라고 했다. 이전에는 선생님의 말을 절반도 이해하지 못했는데, 예습 덕분에 전체 흐름을 알고 수업을 들으니 필요한 부분에 집중할 수 있었다는 것이다. 공부 의욕은 물론, 실제 성적도 눈에 띄게 올릴 수 있었다. 예습의 힘은 바로 여기에 있다.

복습의 골든타임

예습이 수업을 위한 예열이라면, 복습은 지식을 뇌에 각인시키는 가장 강력한 방법이다. 복습의 핵심은 배운 내용을 '당일' 다시 떠올리는 것이다. 하지만 많은 아이들이 이 과정을 놓친다. 학교 수업이 끝나면 바로 학원으로 이동하고, 학원 수업이 끝나면 숙제로 하루가 지나간다.

이러한 아이들은 복습할 시간도 없지만, 복습의 우선순위를 낮게 두기 때문에 수업이 끝난 뒤 단 10분만 투자해 보라고 말해도 직접 경험해보기 전까지는 그 효력을 실감하기 어렵다.

쉬는 시간 10분 동안 방금 배운 개념을 노트에 간단히 요약하거나, 교과서의 핵심 문장에 밑줄만 그어도 기억에 깊이 새겨진다. 이렇게 '당일 복습'만 잘해도 학습 효과는 몇 배로 높아진다. 복습의 원리는 바둑과 닮았다. 한 수 한 수를 둔 뒤 다시 복기하며 전체 흐름을 보는 것처럼, 복습은 오늘 배운 지식을 되짚어보는 과정이다.

아이들에게는 복습을 소의 되새김질에 비유해 설명하곤 한다. 소가 풀을 먹고 나서 다시 꺼내 천천히 씹으며 영양분을 흡수하듯, 복습은 뇌가 지식을 단기기억에서 장기기억으로 옮기는 '되새김질'이다. 한 번 보고 끝내는 공부는 오래가지 않는다. 짧게라도 반복해서 꺼내 볼 때 '제대로 알게 됐다'는 것을 느낄 수 있다.

결국 공부를 잘하는 아이들의 공통점은 예습과 복습을 '연결한다'는 점이다. 예습을 하면서 생긴 궁금증을 수업 시간에 해결하고, 수업에서 배운 개념을 복습으로 확실히 다지는 방식이다. 이렇게만 해도 학원에 가지 않고도 교과 개념을 탄탄히 쌓을 수 있다. 예습과 복습은 생각보다 많은 시간이 필요하지 않다. 예습은 수업 시작 전 5분, 또는 집에서 10분 정도 훑어보는 것으로 충분하다. 복습은 수업이 끝난 뒤 5분, 혹은 집에서 배운 내용을 정리하는 데

20분이면 충분하다. 더 오래 하는 아이가 아니라, 짧게라도 매일 꾸준히 하는 아이가 이긴다.

'예습으로 질문을 만들고, 수업에서 답을 채우고, 복습으로 기억을 붙잡는 것.'

이 3단계를 꾸준히 연결하는 힘이 결국 자기주도학습의 기초 체력을 키운다.

04

암기는 머리가 아니라 방법이다

아이들과 상담을 하다 보면 "저는 암기를 못해요"라는 말을 자주 듣는다. 보통은 암기를 '머리 좋은 아이들만 잘하는 것'이라고 오해하는 경우가 많다. 하지만 암기력은 타고난 재능의 영역이 아닌 방법과 거듭된 훈련에서 나온 값이다. 공부를 할 때 이해가 먼저냐, 암기가 먼저냐를 두고 고민할 필요는 없다. 이해가 되면 암기가 쉬워지고, 암기가 되어 있으면 깊게 이해하는 데 도움이 된다. 결국 이 2가지는 서로를 돕는 관계다.

특히 중학교 시험의 상당 부분은 여전히 암기를 기반으로 출제되기 때문에 '이해하며 암기하는 연습'이 반드시 필요하다. 많은 아이들이 중학교에 올라와 암기 과목을 어려워하는 이유는 초등

학교에서 '외우는 경험'을 충분히 해보지 못했기 때문이다. 초등 시절에는 상대적으로 시험이 적기 때문에, 학교 밖 사설 기관에서 보는 시험으로 '암기의 경험'을 미리 쌓아본 아이와 그렇지 않은 아이 사이에는 중학교 진학 후 학습 격차가 생길 수밖에 없다.

암기는 단순히 지식을 머릿속에 채워 넣는 행위가 아니라, 기억을 다루는 근육을 키우는 훈련이기도 하다. 이때 중요한 건 '무작정 달달 외우기'가 아니라 '나에게 맞는 암기 전략'을 찾는 것이다.

아이가 암기를 힘들어할 때

예능 프로그램 〈피의 게임〉에서 개그맨 장동민은 무작정 많은 정보를 달달 외운 게 아니라 자신만의 '암기 알고리즘'을 만들었다. 숫자를 스토리로 묶어 흐름을 만들거나, 비슷한 단어끼리 연관시켜 특징을 정리하고, 소리를 리듬처럼 활용해 기억하는 방식이었다. 장동민은 프로그램에서 "암기는 머리 싸움이 아니라 방법 싸움이다"라고 말했는데, 이는 공부에도 그대로 적용된다. 타고난 두뇌보다 '내게 맞는 방법'을 찾는 것이 훨씬 중요하다는 뜻이다.

쿠팡플레이 프로그램 〈대학전쟁〉에서도 암기 전략의 힘을 엿볼 수 있다. 세계적인 명문대 학생들이 제한된 시간 안에 방대한 자료를 기억하는 대결에서 단순히 기억력만 뛰어난 학생보다 '자신만의 암기 방식'을 가진 학생들이 압도적인 성과를 냈다. 자료를 묶어서 덩어리로 기억하거나, 사진을 찍듯이 시각적으로 정보를 저장하는 식이다. 많은 숫자와 바둑알의 배치 순서가 머리에 들어와 있는 게 경이로워 보일 정도였다.

이처럼 중요한 건 아이 스스로 '나만의 암기 전략'을 만들어 가도록 돕는 것이다. 어떤 아이는 시각을, 어떤 아이는 청각을 자극하는 것이 암기에 유리하다. 또 어떤 아이는 자신만의 스토리를 만들어 기억하기도 한다. 각 방법에 대해 구체적으로 살펴보고, 어떻게 활용할 수 있는지 알아보자.

청각이 발달한 경우

말하기와 듣기를 적극적으로 활용한다. 외우는 내용을 반복해서 귀에 들어오도록 하는 것이 핵심이다.

- 중얼거리며 말하기: 외운 내용을 혼잣말로 중얼거리거나, 인형이나 친구에게 설명하듯 말하며 자신에게 피드백을 준다.
- 녹음 후 듣기: 외울 내용을 녹음해서 등하굣길이나 쉬는 시간 등 자투리 시간을 활용해 반복해서 듣는다.

시각이 발달한 경우

그림, 색깔, 위치 등 시각적 요소를 활용하면 효과적이다. 내용을 이미지로 변환해 기억하는 것이 좋다.

- 그림으로 연결하기: 외워야 할 핵심 개념을 간단한 그림이나 상징으로 그려 기억한다.
- 사진처럼 저장하기: 중요한 부분을 마치 사진을 찍듯 시각적으로 저장하고, 이전에 봤던 상황과 연결하는 연상 기법을 활용한다.
- 색깔 활용하기: 색깔펜으로 중요한 부분과 부가 설명을 구분한 뒤, 해당 내용의 위치를 함께 외운다.

이외에도 다음과 같은 방식으로 암기력을 높일 수 있다.

뇌가 좋아하는 방식

- 덩어리로 묶기: 외워야 할 내용(단어, 숫자, 연도 등)을 3~5개씩 묶어 의미 있는 그룹으로 만들어 기억한다.
- 이야기로 재구성하기(서사화): 외워야 할 순서나 개념을 나만의 문장이나 재미있는 이야기로 만든다.

백지 테스트

아무리 좋은 방법으로 외워도, 제대로 암기했는지 확인하는 과정이 없다면 의미가 없다. 가장 효과적인 방법은 백지 테스트다. 먼저 외울 범위를 좁게 정한다. 예를 들어 교과서 3페이지, 핵심 개념 5가지처럼 한 번에 너무 많은 내용을 다루지 않고 작은 단위로 나눈다. 그다음 아무것도 보지 않고 백지에 외운 만큼만 적어본다. 작성 후에는 틀리거나 빠진 부분을 확인하고, 다른 색 펜으로 부족한 내용을 채워 넣는다. 이 과정을 추가로 보충할 것이 없을 때까지 반복하면, 중요 내용을 확실하게 점검하고 장기기억으로 옮길 수 있다.

'나에게 잘 맞고 효율적인 방식'을 찾는 과정 자체가 자기주도학습의 일부다. 암기도 연습하면 할수록 실력이 늘어나는데, 이 과정을 통해 '머리가 좋아지는 느낌'을 아이가 스스로 느껴봤으면 좋겠다.

암기 방법을 찾았다면 여기에서 끝나는 것이 아니라 오래 기억하는 루틴을 만드는 것도 중요하다. 그래서 나는 아이들에게 무작정 외우라고 하지 않는다. "하루에 새로운 영어 단어 60개씩 외워야 해"라고 지시하는 방식은 오히려 역효과를 낸다. 중요한 건 양이 아니라 지속성이다. 단어 60개를 한 번에 외우는 것보다 오늘

30개를 확실히 익히고, 내일 그 30개를 복습한 뒤 새로운 30개를 추가하는 방식이 훨씬 효율적이다. 이렇게 하면 아이는 해볼 만하다는 우쭐한 기분을 경험하고, 기억을 장기기억으로 옮기는 데 성공한다.

안타까운 것은 대부분의 학원에서 외워야 할 영어 단어가 많다 보니 복습보다는 어차피 잊어버릴 걸 감안해서 양으로 아이들을 압박한다는 점이다. 이런 방식이 필요할 때도 있지만, 아직 암기가 익숙하지 않은 아이가 다른 친구들의 방식을 그대로 따라 하면 영어 단어가 머릿속에 잘 남지 않는다. 그러다 보면 '나는 머리가 나쁜가 보다'라며 스스로를 탓하게 되기도 한다.

암기할 때 또 하나 중요한 것은 '시간을 스스로 확인하는 것'이다. 예를 들어 영어 단어 30개를 외우는 데 걸리는 시간을 직접 재 보는 것이다. 처음에는 1시간이 걸리던 것이 점점 40분, 30분으로 줄어드는 변화를 경험하면, 아이는 자신의 성장 속도를 눈으로 확인하며 자신감을 얻게 된다.

이렇게 쌓인 데이터는 공부 계획을 세울 때도 큰 도움이 된다. 예를 들어 '단어 30개를 외우는 데 평균 30분이 걸린다'는 사실을 알면, 플래너에 30분 단위로 학습 블록을 설계할 수 있다.

아이에게 '외우는 건 나쁘다'는 잘못된 인식부터 바로잡을 필요가 있다. 암기는 단순히 내용을 기억하는 것을 넘어 사고력의 바탕이 된다. 교과서 개념을 충분히 외워야 문제를 풀 수 있고, 개념 용어를 정확히 기억해야 논리적인 답변을 작성할 수 있다. 문제를 풀다가 '이 개념이 뭐였더라?' 하고 막힌다면 아이는 문제가 마치 넘기 어려운 벽처럼 느껴질 것이다. 결국 개념부터 다시 세워야 한다는 뜻이다. 암기는 이해를 위한 준비이자, 생각을 넓히는 발판이다.

이처럼 암기는 지능보다 그것을 대하는 태도와 방법의 문제다. 타고난 능력을 탓하기보다, 자신에게 맞는 도구와 전략을 찾는 아이가 성취감을 경험한다. 〈피의 게임〉 속 장동민처럼 자신만의 알고리즘을 설계하는 것, 〈대학전쟁〉 참가자들처럼 체계적 암기 루틴을 만드는 것 이 2가지 모두는 아이들에게 좋은 힌트를 준다. 공부는 '양'이 아니라 '방법'이다. 암기를 두려워하지 않고 자신만의 방식을 찾게 한다면, 아이의 학습은 완전히 달라질 것이다.

05

성적 초격차를 만드는 문제풀이 전략

초등, 중등 아이들과 상담하다 보면 이런 질문을 자주 받는다.

"문제집을 풀 때 무조건 많이 푸는 게 나아요? 아니면 한 문제를 깊게 파는 게 나아요?"

결론부터 말하면, 정답은 '상황에 따라 다르다'이다. 하지만 이것이 '아무렇게나 해도 된다'는 의미는 아니다. 문제풀이에도 분명한 원칙과 순서가 있다. 처음에는 개념을 정확히 이해하고 한 문제를 깊이 분석하는 데 시간을 들여야 한다. 어느 정도 이해가 되면 문제의 양을 늘려 다양한 유형을 경험하는 과정이 필요하다.

심화 문제를 풀 때는 충분히 생각할 시간을 확보하고, 답지를 최대한 보지 않으며 스스로 끝까지 고민하는 태도가 중요하다. 여기서 핵심은 '얼마나 많은 문제를 풀었는가'가 아니라, '아이가 무엇을 알고 무엇을 모르는지'를 점검하는 데 있다.

실제 상담했던 아이 중에 수학 문제집을 3권이나 풀었는데도 시험에서 60점을 넘지 못하던 아이가 있었다. 하루에 3시간도 넘게 문제집을 푼다고 했지만, 자세히 살펴보니 오답 분석 없이 새로운 문제만 계속 풀고 있었다. 그래서 '오답 노트 작성법'을 알려주었다.

① 틀린 문제를 답지 없이 다시 풀어본다. 맞힌 문제라도 객관식에서 보기 4번과 5번 사이를 고민했다면, 표시를 하고 다시 점검한다.
② 답지의 해설을 확인하며 내가 놓친 부분을 다시 점검한다.
③ '개념, 연산, 문제 이해, 실수' 중 틀린 이유를 분류한다.
④ 마지막으로 비슷한 유형의 문제를 2~3개 더 풀어 완전히 자기 것으로 만든다.

이 학생은 그 이후 새로운 문제는 하나도 풀지 않고, 지금까지 풀었던 문제들만 오답 정리를 했는데 불과 2주 만에 점수가 20점 가까이 올랐다. 오를 수밖에 없었다. 성실한 아이였지만, 단지 공부하는 방법을 몰랐을 뿐이다.

이처럼 문제풀이의 핵심은 '얼마나 많은 문제를 풀었는가'가 아니라 '틀린 문제를 어떻게 다뤘는가'에 달려 있다. EBS 프로그램 〈공부의 왕도〉에서도 같은 결론을 강조한다. 전국 상위 1% 학생들의 공부법을 조사했는데, 그 비밀은 바로 '오답 분석'에 있었다. 이 학생들은 하루에 많은 문제를 풀기보다 틀린 문제를 다시 풀어보고 개념을 점검하는 데 더 많은 시간을 할애했다.

맞힌 문제도 다시 보자

틀린 문제는 당연히 분석해야 하지만, 맞힌 문제 역시 놓치지 않고 꼼꼼히 분석하는 습관이 필요하다. 특히 정답을 맞혔더라도 풀이 과정에서 확신이 없었거나 헷갈렸던 문제라면, 개념 이해에 빈틈이 있다는 증거다. 오지선다 객관식 문제의 경우, 정답만 아니라 나머지 보기(4가지)가 '왜 틀렸는지'를 아이가 설명할 수 있어야 한다. 오답을 정확히 분석해야 함정 유형에 대비하고 개념을 더욱 탄탄하게 다질 수 있다.

재미있는 점은 상위권 아이들은 문제를 풀어 정답을 맞힌 뒤에도, 맞힌 문제를 두고 '공부했다'고 말하지 않는다는 것이다. 문제를 풀고 맞히는 단계는 자신이 정확히 알고 있는지를 확인하는 과정일 뿐이고, 이들이 말하는 '진짜 공부'는 오답이나 헷갈렸던 지점을 다시 짚으며 이 문제를 완전히 이해하고 풀었는지를 끝까지 확인하는 것이다.

실제 학습 관련 연구에서도 문제집을 3권 푼 학생보다 한 권을 세 번 반복해서 풀고, 오답을 분석하고 정리한 학생의 성적 향상 폭이 훨씬 더 컸다는 결과가 꾸준히 보고되고 있다. 결국 단순히 문제의 양을 늘리는 공부보다, 오답을 완전히 내 것으로 만드는 공부법이 훨씬 효율적이다.

여기서 놓치지 말아야 할 점은 문제집을 풀 때는 '과목별 접근법이 달라야 한다'는 점이다. 수학은 개념을 이해하는 과정이 선행되어야 한다. 공식을 외우는 것보다 '왜 이 공식을 쓰는지', '어떤 형태의 문제에 이 공식을 적용하는지' 원리를 이해하는 게 우선이다. 그런 다음 다양한 유형의 문제를 접해 개념을 실제로 적용해보는 연습을 해야 한다(원리 기반 이해 → 공식 암기 → 적용).

사회와 과학은 조금 다르다. 핵심 개념을 먼저 외운 뒤, 문제를 반복해서 풀어 개념을 실전에 적용하는 경험을 쌓는 것이 효과적이다(정보 기반 암기 → 이해 → 적용).

상담을 하면서 문제집을 풀 때 "답지를 봐야 하느냐 말아야 하느냐?"라는 질문도 자주 받는다. 초등학생이라면 답지를 되도록 보지 않는 것이 좋다. 스스로 고민하고 생각하는 시간을 충분히 확보해야 사고력이 자란다.

그러나 중학생이라면 과목에 따라 접근 방식을 달리해야 한다. 특히 수학처럼 사고의 흐름이 중요한 과목은 한 문제당 20~30분을 고민한 뒤에도 풀리지 않는다면 답지를 보는 것이 오히려 효율적이다. 중요한 것은 '정답을 맞히는 것'이 아니라 '왜 이렇게 풀어야 하는지 과정을 이해하는 것'이기 때문이다. 과학이나 사회처럼 사실을 확인하는 과목은 답지를 적절히 활용해도 괜찮지만, 답만 외우는 습관은 반드시 피해야 한다.

상담했던 한 아이는 과학 문제를 풀고 답만 확인하는 스타일로 공부를 해왔다. 이 문제에서 왜 이게 정답이 아닌지 설명해 보라고 하자 이유를 제대로 말하지 못하고 "그냥 그게 답이에요"라고만 했다. '왜'를 설명하지 못하는 것은 이해 없이 암기만 한 아이에게서 흔히 나타나는 특징이다. 답지는 현명하게 사용해야 한다. '정답 확인용'이 아니라, 답지에 있는 풀이 과정과 내 생각을 비교하면서 '생각을 점검하는 자료'로 활용해야 한다.

고등학생이 되면 전략은 조금 달라진다. 시간 대비 효율을 높여야 하므로 시험에 자주 출제되는 문제를 우선적으로 파악하는 '선별 학습'이 필요하다. 기출 문제를 먼저 풀어보고 출제 경향을 분석한 뒤, 교과서를 다시 보는 방식이 오히려 효과적이다.

그러나 중학생까지는 고등학생 공부 방식을 그대로 적용할 필요 없다. 초등, 중등까지는 '생각하는 힘'을 기르는 연습이 먼저이며, 이 과정에서 다양한 접근을 시도하고 틀리는 경험을 해보는 것이 큰 자산이 된다.

문제풀이 3대 실수 교정법

문제풀이에서 가장 중요한 것은 '내가 이 문제를 왜 풀고 있는가', 즉 '무엇을 배우기 위해 이 문제를 푸는가'를 생각해보는 것이다. 어떤 아이는 오답노트를 만들어 개념을 다시 정리하고, 어떤 아이는 비슷한 유형을 묶어 연습하며, 또 다른 아이는 친구들과 풀이 과정을 비교해 보고 서로의 약점을 보완한다.

방법은 달라도 핵심은 같다. 문제를 푸는 목적은 정답을 맞히는 데 있지 않고, 잘못 알고 있는 개념을 이해하고 내 것으로 만드는 데 있다. 맞힌 문제가 이미 알고 있는 내용을 점검하는 데 도움을 준다면, 틀린 문제는 나의 '구멍'을 발견하고 메울 수 있는 귀중한 단서가 된다. 아이가 이 원칙을 기억한다면, 문제풀이는 더 이상 지루한 숙제가 아니라, 내가 무엇을 알고 모르는지 점검하며 자신의 빈틈을 발견하고 채워가는 흥미로운 시간이 될 것이다.

아이가 잘 아는 내용도 틀리는 경우가 있는데, 실수 유형별로 어떻게 바로잡아 주어야 하는지 알아보자.

문제를 꼼꼼히 읽지 않을 때

- 손가락 따라 읽기: 문제를 손가락으로 짚으면서 읽으면 눈으로만 쓱 훑는 습관을 방지할 수 있다.
- 문장마다 정지점 찍기: 문장 끝에 점을 찍고 '그래서 묻는 건 뭐지?'라고 생각하며 단어로 요약한다.
- 핵심 3종 표시: 명령어(구하라, 골라라)는 밑줄, 숫자와 단위는 동그라미, 비교어(더 큰, 작은)는 네모로 표시한다.
- 요구사항 괄호 치기: 마지막 문장에서 '무엇을, 어떤 형식으로' 답해야 하는지를 괄호로 묶는다.
- 답을 고르기 전 문제 요약: 보기를 읽기 전에 '△의 평균값?'처럼 문제를 자신의 말로 짧게 정리한다.

조건을 놓칠 때

- 조건 표시: '포함, 제외, 범위, 단위, 대상, 개수, 기간, 시간' 관련 단어가 나오면 동그라미로 표시한다.
- 금지와 제외 표시 : '중복 불가, 제외, 0보다 크다'와 같은 문장은 밑줄을 긋는다.

- 역조건 표시: '~이 아닌 것, 항상, 반드시, 최대, 최소' 등 함정 단어는 네모로 표시한다.
- 표와 그래프 항목 확인: 표와 그래프 항목을 형광펜으로 표시하고 단위와 의미를 확인한다.
- 보기와 조건 연결: 보기 옆에 표시(∨, ×, ?)를 하며 각 조건 충족 여부를 한눈에 확인한다.

계산, 기호, 단위 실수가 많을 때

- 암산 금지: 두 자리 이상의 곱셈과 나눗셈은 반드시 필산으로 하고, 일차방정식, 함수, 등식 문제는 거꾸로 검산한다.
- 단위 통일: m↔cm, g↔kg 등 단위 변환은 풀이 첫 줄에서 마무리하고, 답안을 쓰기 전 다시 점검한다.
- 자릿수 예측: 계산 전에 2배나 5배처럼 결과의 대략적인 크기를 예상해 계산 결과가 정확한지 확인한다.
- 실수 유형 기록: 오답노트를 작성할 때 자릿수, 부호, 단위, 괄호 등 실수 유형을 자신만의 기호로 기록한다. 다음 문제로 넘어가기 전에 5초간 실수 유형을 되짚어본다.
- 부호와 괄호 확인: 부호가 바뀌는 지점과 괄호는 형광펜으로 표시한다.
- 콤마와 정렬: 큰 수에는 세 자리마다 콤마를 찍고, 같은 자릿

수끼리는 세로로 정렬한다.

문제를 천천히 읽고 노트에 식을 정리하는 습관이 있으면 앞서 언급한 실수의 절반 이상을 줄일 수 있다. 필기는 선택이 아니라, 실수를 줄이기 위한 필수 과정이다.

이런 기술적인 문제만 볼 것이 아니라, 아이가 빨리 풀고 놀고 싶은 마음에 그런 것은 아닌지, 혹은 학원 숙제의 양이 과도한 것은 아닌지도 함께 살펴볼 필요가 있다. 만약 그런 경우라면 숙제의 양을 줄이고, 문제를 모두 맞혔을 때 보상을 주는 방식으로 연습시켜보자. 이런 훈련을 통해 아이는 '빨리'가 아니라 '정확히 푸는 힘'을 기를 수 있게 된다.

06

스마트폰 전쟁을 종결하는 최소한의 안전장치

요즘 엄마들 고민 목록에서 '사춘기'보다 더 자주 등장하는 말이 있다. 바로 '스마트폰'이다. 스마트폰이 문제가 되는 가장 큰 이유는 사용량이 스스로 조절되지 않는다는 점이다. 그렇다고 내 아이만 핸드폰을 사주지 않을 수도 없으니 고민들이 많다. 이때 내 대답은 항상 같다.

"가능한 늦게 사주시고, 구입한 후에는 사용 조건을 거세요."

솔직히 어른도 스마트폰 사용시간을 줄이는 것이 어려운데 아이에게 자제하도록 가르치는 것은 결코 쉬운 일이 아니다. 물론 부모가 맞벌이여서 아이와의 연락이 꼭 필요하다면 어쩔 수 없다. 하지만 이런 상황일지라도 전화와 문자만 가능한 핸드폰이면 충분하다.

그렇지 않다면 스마트폰은 최대한 늦게 사주는 것이 좋다. 스마트폰이 생기면 아이는 필연적으로 책과 멀어지게 된다. 이 점이 당장 문제가 되지 않는다고 해도, 스마트폰으로 인해 바깥세상을 차단하고, 스스로 고민하고 생각해보는 시간이 줄어드는 것은 큰 문제가 된다.

우리 집 아이들은 초등학교 시절 내내 스마트폰 없이 지냈다. 그래도 둘째는 초등학교 6학년 때 스마트폰을 사용할 수 있었지만, 친구들 앞에 꺼내 놓기가 민망할 정도로 오래된 기종이어서 잘 가지고 다니지 않았다. 그럼에도 두 아이 모두 반 회장은 물론, 전교 회장과 부회장을 맡기도 했다.

물론 우리 아이들이 "넌 원시인이냐?", "너희 엄마 너무 답답한 거 아니냐?"와 같은 말을 친구들로부터 들을 때마다 일일이 대꾸하고, 심적으로 유혹을 이겨내는 것이 쉽지 않았을 것이다. 하지만 부모의 교육관에 대해 아이들에게 이야기해 주고 '나를 타인의 기준에 맞추지 않는다'라는 생각을 되새기면서 아이들의 자존감을 더 단단하게 만드는 시간을 보낼 수 있었다.

아이러니하게도 세상을 IT기술로 바꾼 혁신가들은 자녀 교육에 더 엄격했다. 빌 게이츠(Bill Gates)는 자녀가 14세가 될 때까지 스마트폰을 사주지 않았고, 식사 시간에는 부모를 포함해 절대 스마트폰을 보지 못하게 했다.

스티브 잡스(Steve Jobs)는 아이패드를 출시한 직후 자녀들도 좋아하냐는 질문에 "우리 아이들은 아이패드를 써본 적이 없다. 집에서 아이들의 디지털 기기 사용을 엄격히 제한한다"라고 답했다. 이들이 이렇게 행동한 이유는 명확하다. 스마트폰이 가져오는 부정적 영향을 누구보다 잘 알고 있었기 때문이다. 스마트폰 사용이 아이들에게 미치는 부정적 영향은 다음과 같다.

첫째, 비판적 사고력이 사라진다. 유튜브나 SNS에서 쏟아지는 정보는 걸러내지 않고 받아들이면서, 스스로 판단하는 힘이 줄어 남을 탓하거나 비난하는 콘텐츠에 쉽게 동조하게 된다.

둘째, '긴 글'을 읽기 어려운 뇌가 된다. 릴스나 쇼츠 같은 자극적인 화면에 익숙해지다 보니, 책을 포함해 조금만 긴 글을 읽으려 해도 큰 부담과 불편을 느낀다.

셋째, 시간이 허비된다. 멍하니 화면을 보는 사이 엄청난 시간이 흘러가지만, 이를 제대로 인식하지 못한다. 설령 인지하더라도 스스로 멈추지 못하는 중독적 상황이 가장 큰 문제다.

하지만 이미 아이 손에 스마트폰이 쥐어졌다면 어떻게 해야 할까? 이미 준 폰을 다시 빼앗는 것은 아이에게 장기를 적출당하는 것과 같은 고통과 강한 반발심을 유발할 수 있다고 한다. 그렇다면 방법은 하나뿐이다. '스마트폰을 현명하게 사용하는 법'을 가르치는 것이다.

가장 먼저 스마트폰은 아이의 소유가 아니라 부모의 관리하에 있다는 사실을 명확히 알려주어야 한다. 기기 구매부터 매달 요금까지 부모가 책임지고 관리하므로, 아이에게 사용 제한을 하는 것은 당연한 일이다. 아이가 성인이 되어 스스로 요금을 낼 수 있는 능력이 생기면 그때 완전한 사용 권한을 넘기주면 된다.

따라서 구글 패밀리링크 같은 사용 통제 앱을 설치하는 것은 선택이 아닌 필수다. 그리고 다음 5가지 원칙을 아이와의 대화나 가족회의를 통해 최대한 지키도록 해야 한다.

스마트폰 사용 5대 원칙

1. 하루 총사용 시간 미리 정하기

90분, 120분 등 가정 기준에 맞춰 하루 사용 시간을 미리 정한다.

2. 자기 전 스마트폰은 방 밖에 두기

충전은 반드시 거실에서 한다. 수면의 질이 무너지면 학습에 직간접적으로 영향을 준다.

3. 새로운 앱 설치 시 부모 허락 받기

설치 전 반드시 부모에게 이유를 설명하고 허락을 받는다.

4. 비밀번호를 부모와 공유하기

부모는 이를 빌미로 몰래 감시하거나 사생활을 침해해서는 안 된다. 이 규칙은 '서로 믿기 때문에 함께 지키는 약속'이어야 한다.

5. 부모 전화는 언제든 최우선으로 받기

게임 중이라고 엄마의 전화를 받지 않는 것은 바람직하지 않다. 긴급한 상황이 아니라면, 친구들과 놀고 있을 때도 부모의 전화에는 반드시 응답하는 것이 기본적인 약속이다. 또한 길을 걸을 때는 안전을 위해 스마트폰을 주머니에 넣어두고, 통화가 필요할 때만 꺼내는 습관이 필요하다.

스마트폰은 유용하고 편리한 도구이지만, 사용 방식에 따라 아이를 중독으로 이끌 수도 있다. 그래서 중요한 것은 사용을 막는 것이 아니라, 올바르게 사용하는 방법을 가르치는 것이다. 아이가 스마트폰의 노예가 되지 않고 주인이 되도록 이끄는 일은 쉽지 않지만, 아이의 의지와 부모의 지도가 함께 요구되는 시대다.

07

동기부여 영상은 얼마나 도움이 될까?

요즘 아이들이 자주 접하는 유튜브, 인스타그램, 틱톡 같은 플랫폼에는 '동기부여'라는 이름을 단 영상들이 넘쳐난다. 누군가는 공부법을 설명하고, 누군가는 요점 정리를 하며 실제로 공부하는 모습을 보여준다. 하지만 이런 영상들이 모든 아이에게 동일한 효과를 주는 것은 아니다.

자녀에게 긍정적인 자극을 주고 싶은 부모의 기대와 달리, 어떤 아이는 영상을 본 뒤 오히려 무기력해지기도 한다. 왜 이런 차이가 생길까? 동기부여 영상은 내용과 전달 방식에 따라 크게 4가지 유형으로 나뉜다.

비교형

'다른 애들은 밥 먹는 시간, 자는 시간까지 아껴가며 공부하는데 너는 뭐 하니?' 같은 메시지를 담은 강연이나 공부 인증 콘텐츠가 여기에 해당한다. 나만 뒤처진 듯한 기분을 들게 해 자신을 채찍질하게 만들고 경쟁심을 유도하는 방식이다. 이런 방식은 단기적으로 강한 긴장감을 주지만, 오래 지속되기는 어렵다.

불안 조성형

유명한 입시강사들이 자주 하는 말이 있다.

"지금 공부하지 않으면 네가 원하는 인생을 살 수 없어."

"공부? 안 해도 괜찮아. 대신 네가 원하지 않는 선택지를 받아들일 준비가 되어 있어야 돼."

미래에 닥칠 현실이라며 불안감을 자극하고, 실패한 인생을 살 수 있다는 메시지를 전하는 방식이다. 사람의 감정 중에서 가장 통제하기 어려운 것이 '불안'인데, 바로 그 감정을 자극한다.

부모님의 희생 강조형

TV 프로그램이나 강연에서 자주 등장하는 메시지가 있다.

"네가 앉아 있는 이 책상, 네가 입고 있는 교복, 네가 먹는 한 끼까지 모두 부모님이 흘린 땀으로 만들어진 것이다. 부모님의 노력이 없었다면 지금의 너도 없다.”

부모의 노력과 헌신을 상기시켜 죄책감을 자극하는 전략이다. 아이에게 부모의 기대에 반드시 보답해야 한다는 압박을 느끼게 만든다.

납득형

역사 강사 설민석은 한 강연에서 이렇게 말했다.

“공부는 시험을 위한 게 아니라, 네가 선택할 수 있는 자유를 넓히기 위한 거다.”

이 말은 ‘왜 공부해야 하는가’라는 질문에 근본적인 답을 제시한다. 귀를 단번에 사로잡는 강렬함은 없지만, 장기적으로 아이 스스로 공부의 필요성을 이해하고 내면화하도록 돕는다.

경쟁심, 불안감, 죄책감에 기반한 동기부여는 설령 단기 목표를 이루게 하더라도 성취의 기쁨을 온전히 느끼지 못하게 만든다. 겉으로는 성공했지만, 마음속에는 여전히 초조함과 압박감이 남아 있기 때문이다.

건강한 동기부여는 남에게 뒤처지지 않기 위해 억지로 하는 공부가 아니라, 성장하기 위해 스스로 선택하는 공부로 이어진다. 앞서 언급한 비교형, 불안 조성형, 부모님의 희생 강조형 동기부여 영상들을 통해 잠시 마음이 뜨거워지고 '파이팅' 하게 되는 순간이 생길 수는 있다. 그 자체를 나쁘다고 단정 지을 수는 없다. 하지만 자극에만 의존한 동기부여는 마음을 쉽게 지치게 하고, 정신의 건강한 성장을 방해할 수 있다는 점을 기억해야 한다.

동기부여 영상을 효과적으로 활용하는 법

같은 동기부여 영상이라도 아이에 따라 반응은 달라질 수 있다. 각 기질별로 영상을 적절하게 활용하는 방법을 알아보자.

다혈 기질

사회적 자극에 민감한 다혈질 아이는 비교형 영상에 쉽게 반응한다. 친구들이 열심히 공부하는 모습을 보면 '나도 해야겠다'는 열정이 금세 올라온다. 하지만 그 열정은 오래 지속되지 않는다. 이러한 아이에게는 동기부여 영상만 보여주는 것보다, 영상에서 받은 자극을 실제 행동으로 옮길 수 있도록 구체적인 실행 계획을 함께 세울 수 있게 해주자.

담즙 기질

목표 지향적이고 승부욕이 강한 담즙질 아이는 오히려 불안 조성형 영상에서 큰 동력을 얻는다. '지금 하지 않으면 늦는다'는 메시지가 추진력이 될 수 있기 때문이다. 그러나 지나친 압박은 쉽게 번아웃을 초래할 수 있다. 따라서 담즙질 아이에게는 "너의 속도로 가도 괜찮다"는 균형 잡힌 피드백을 함께 해주는 것이 중요하다.

우울 기질

비교형, 불안 조성형 영상에 쉽게 위축된다. "다른 애들은 다 하는데 나는 왜 못하지?", "나는 원래 안 되나 봐"라는 자기 부정으로 이어지기 쉽다. 이 기질의 아이는 잘하고 있어도 부족한 게 먼저 보이기 때문에 '하루 10문제만 풀기', '20분 독서하기' 같은 작은 목표를 달성하는 경험을 반복적으로 쌓게 하는 것이 동기부여의 핵심이다. 그리고 그 노력은 크든 작든 반드시 인정해 주어야 한다.

점액 기질

4가지 유형의 영상 중 어떤 것도 점액질 아이에게는 큰 자극이 되지 않는 경우가 많다. 비교를 해도 "그건 나랑 상관없어"라고 넘기고, 불안을 자극해도 쉽게 동요하지 않는다. 하지만 아무 생각이 없는 건 아니다. 오히려 내면은 복잡할 정도로 생각이 너무 많다.

그러다보니 안정적인 환경 속에서 서서히 변화를 만들어내는 힘이 있다. 따라서 이 아이에게는 "오늘은 영어 단어 10개만 외우고 자자!"처럼 부담되지 않는 작은 목표를 제시하고, 그 목표를 혼자 달성하게 두는 것이 아니라 부모와 함께 달성하며 그 과정에서 성취 경험을 느끼게 해주는 것이 중요하다.

동기부여 영상은 불꽃과 같다. 잠시 타오르게 할 수는 있지만, 방 전체를 따뜻하게 데우기에는 부족하다. 결국 진짜 필요한 것은 아이 스스로 땔감을 찾고 불을 지필 수 있는 힘이다.

아이에게도 동기부여는 필요하다. 하지만 자극을 받는 방식, 반응의 정도 그리고 그 효과의 지속성은 아이마다 다르다. 기질은 그 단서를 제공한다. 기질을 안다는 것은, 아이의 마음에 시동을 거는 방식을 아는 일이다. 어떤 동기부여 영상이 좋은가를 고민하기 전에 "우리 아이는 어떤 자극에 반응할까?", "그 자극을 어떻게 행동으로 연결할 수 있을까?"를 먼저 생각해야 한다.

'자극은 가볍게, 실행은 진득하게!'

아이의 성장을 이끄는 것은 영상 속 불꽃이 아니라, 오늘 아이가 스스로 켠 작은 촛불이다.

08

똑똑하게 사교육을 선택하는 법

사교육을 선택할 때 가장 먼저 가져야 할 것은 '언제든 그만둬도 괜찮다'는 마음의 기준이다. 친분 때문에 그만두지 못하거나, 특정 선생님에게 절대적으로 의지하는 순간 배움의 주도권을 잃게 된다.

아이에게 이 학원이 정말 필요한 이유가 무엇인지, 그리고 그곳에서 얻고자 하는 것이 무엇인지부터 점검해야 한다. 단순히 '전교 1등 친구가 다니니까'라는 이유만으로 선택하는 것은 가장 피해야 할 일이다.

실제로 상담을 하다 보면 "학원을 안 다니는 애들이 없어요", "다들 가는데 저만 안 가면 불안해요"라는 마음으로 등록한 학원이 오히려 아이의 학습 동기를 무너뜨린 사례를 자주 보게 된다. 학원은 '남들이 다녀서 가야 하는 곳'이 아니라 '우리 아이가 필요해서 가는 곳'이어야 한다.

요즘은 전교 1등이 다니는 학원에 마음대로 보낼 수도 없다. 레벨 테스트가 있다 보니, 실력 차이가 나면 같은 학원 안에서도 다른 반이 되고 결국 함께 다닐 수 없게 되는 경우가 많다.

특히 학원가가 발달한 지역일수록 소문이나 주변의 추천에만 의지해 학원을 선택하는 경우가 적지 않다. 하지만 학원은 집과 학교 다음으로 아이가 많은 시간을 보내는 공간이다. 따라서 아이와 함께 직접 발품을 팔아 여러 곳을 비교해보고, 아이의 의견을 충분히 듣는 과정이 반드시 필요하다. 이때 단순히 수업 커리큘럼만 살펴볼 것이 아니라, 아이의 기질과 학습 수준까지 함께 고려하는 것이 좋다.

다혈 기질

사람과의 상호작용에서 동기부여가 되기 때문에 소규모 그룹으로 친구들과 함께 토론하거나 협력할 수 있는 환경이 잘 맞는다. 다만 친한 친구와 한 반이 되면 학습보다 잡담에 빠질 위험이 있으므로 선별이 필요하다.

담즙 기질

스스로 목표를 세우고 경쟁을 즐기는 편이라 대형 학원처럼 실력을 발휘할 무대가 있는 곳에서 강점을 살릴 수 있다. 그러나 자신이 선택하지 않은 환경에서 끌려다니게 되면 오래 버티기 어렵다.

우울 기질

비교나 경쟁이 심한 분위기에서는 쉽게 위축될 수 있으므로, 소규모 수업이나 개별 피드백이 가능한 학원을 선택하는 것이 좋다.

점액 기질

변화에 민감한 편이어서 선생님이 자주 바뀌거나 분위기가 불안정한 학원에서는 학습 의욕이 떨어질 수 있다. 가능한 안정적이고 예측 가능한 환경을 제공하는 곳이 적합하다.

또 한 가지 놓치기 쉬운 기준은 학원의 교육 범위이다. 초등 고학년이라면 단순히 초등 교과만 다루는 학원보다, 중등 과정까지 자연스럽게 이어줄 수 있는 시스템을 갖춘 곳이 유리하다. 마찬가지로 중등 학원을 선택할 때도, 고등 과정까지 연계하여 고려하는 것이 좋다. 그러면 아이가 학습을 현재 학년의 '단편적인 지식'이 아니라 고학년까지 '연결된 흐름'으로 이어갈 수 있다.

또 반드시 확인해야 할 것이 있다. 바로 학원 숙제의 양과 질이다. 상담을 하다 보면, 학원 숙제가 너무 많아 내용을 제대로 이해하지 못한 채 그저 해치우기 식으로 끝내기가 바쁘다는 아이들의 이야기를 자주 듣는다.

예를 들어 숙제가 20문제를 푸는 것이라면 해 가는 것에 급급해 틀린 문제를 돌아볼 시간을 갖지 못하는 경우가 많다. 그러나 앞서 말했듯 진짜 실력은 오답을 붙잡고 파고들어 이해하는 과정에서 쌓인다. 20문제를 풀어 17개를 맞혔다면, 나머지 3문제에서 '개념을 몰라서 틀린 것인지, 단순 연산 실수인지, 문제를 잘못 읽은 것인지'를 분석하는 시간이 필요하다. 이 과정을 건너뛰면 같은 실수를 다음 시험에서도 반복하게 된다.

정리하면, 좋은 학원은 숙제 양보다 오답에 집중할 수 있는 시간을 주고, 아이가 스스로 사고할 여유를 허락하는 곳이다.

학원에서 끌고 가는 선행학습 역시 부모들이 자주 고민하는 부분이다. '남들보다 빨리' 배우는 것이 성취감을 줄 수 있지만, 무리한 선행은 오히려 독이 될 수 있다. 개념을 이해하기도 전에 다음 단원으로 넘어가면, 결국 빈틈이 누적되고 시험에서 반드시 실수하게 된다.

간혹 이해력이 매우 빠르고 선행을 해도 무리 없이 따라가는 아이들이 있다. 아이가 힘들어하지 않고 스스로 소화할 수 있다면 선행 자체는 충분히 도움이 된다. 특히 우리나라 교육 현실상 중학교 2학년이 끝날 무렵이라면 "아이가 이해할 수 있는 범위 안에서 선행은 가능한 정확하게, 많이 해두라"고 조언하기도 한다.

실제 하버드 교육대학원 연구팀에서도 개념 이해 없이 진행된 선행학습은 성취도보다 불안감과 학습 회피 경향을 더 높인다는 결과를 발표한 바 있다. 중요한 것은 학습의 속도가 아니라 깊이다. 선행은 아이의 호기심을 자극하고 개념을 더 넓게 이해할 수 있는 수준 내에서 활용하는 것이 효과적이다.

마지막으로 부모가 기억해야 할 점이 있다. 사교육은 어디까지나 보조 수단이라는 사실이다. 학원, 과외, 온라인 강의 등 어떤 방식을 선택하든 아이가 '스스로 공부하는 시간'을 확보하지 않으면 성과는 오래가지 않는다. 사교육을 통해 '점수 올리기'보다 '학습 도구를 적절하게 활용하는 법'을 배울 수 있게 하자.

부모의 역할은 모든 것을 사교육에 맡기는 것이 아니라 '문제를 풀고 오답을 정리하는 법, 모르는 내용을 스스로 찾아 학습하는 법, 학원에서 배운 내용을 자신의 언어로 정리하는 법을 알려주는 것'인데, 지도가 어렵다면 이런 것들을 알려줄 사람을 찾는 것도 방법이다.

결국 사교육은 목적이 아니라 도구다. 아이의 기질과 학습 패턴에 맞춰 현명하게 선택하고, 숙제와 선행, 학습 태도를 함께 관리하는 부모의 지원이 필요하다. 이 과정을 통해 아이는 점점 '누군가 시켜서 하는 공부'가 아니라 '스스로 선택하고 책임지는 공부'를 할 수 있게 된다. 사교육을 현명하게 활용하는 부모의 태도가 아이를 자기주도학습으로 이끄는 가장 중요한 첫걸음이다.

09

결국 태도가 성적이 된다

현직 선생님들과 이야기를 나누다 보면 종종 이런 말을 듣는다.

"예쁜 아이들이 있어요. 얼굴이 예쁘다는 뜻이 아니라, 행동이 예쁜 아이들이요."

선생님들 사이에서 말하는 '예쁜 아이'란, 앞에서 알랑방귀를 끼며 눈치를 보거나 비위를 맞추는 아이가 아니다. 인사를 잘하고, 수업 시간에 집중하며, 자기 할 일을 스스로 챙기는 아이들이다. 모르는 문제가 생기면 먼저 질문하고, 규칙을 잘 지키며, 교우관계도 원만하다.

선생님들의 말에 따르면, 이런 아이들은 자연스럽게 눈에 띌 수밖에 없다. 요즘에는 이런 태도를 가진 아이들이 점점 줄어들고 있기 때문이다.

공부를 얼마나 잘하느냐보다 먼저, 이런 태도가 자리 잡은 아이들은 어디서든 어떤 환경에서든 인정받다 보니 바르게 성장할 수 있다. 반대로 아무리 사교육을 많이 받고, 유명한 학원을 다녀도 태도가 좋지 않다면 성적을 잠깐 잘 받을 수는 있어도 그 한계는 결국 결과로 드러난다.

실제로 현장에서 만나는 아이들 중에는 학습 능력이나 지능은 뛰어나지만, 상담 중 대화의 흐름을 자주 끊거나, 손톱이나 발톱을 물어뜯고, 말하고 싶은 질문에만 대답하거나 부모에게 무례하게 구는 경우가 있다. 이러한 태도는 학습 과정 전반에서 어려움을 만든다.

요즘 학생들의 모습을 보면 태도의 중요성이 더욱 뚜렷하게 드러난다. 존댓말도 반말도 아닌 애매한 말투로 대답하고, "쟤도 그랬는데 왜 저한테만 그래요?"라며 책임을 회피하거나, 말끝을 흐리며 대화를 마무리하지 못하는 모습은 이제 낯설지 않다.

유튜브나 인스타그램에서 들은 말은 절대적으로 믿으면서 정작 선생님이나 부모의 조언은 흘려듣고, 쇼츠와 릴스의 영향으로 집중력은 짧아졌으며, 무례한 행동을 하면서도 자신이 잘못했다는 사실을 인식하지 못하는 경우도 있다. 무엇보다 문제가 생기면 자신의 행동을 돌아보기보다 지능 탓, 유전자 탓, 부모 탓으로 돌리는 경우가 많다. 이런 태도가 바뀌지 않으면, 아무리 좋은 환경과 계획이 주어져도 실질적인 성장은 어렵다.

대학생이 되어서도 사소한 문제조차 스스로 해결하지 못해 부모가 일일이 개입하는 경우를 상담 현장에서 자주 보게 된다. 이는 단순히 지식이 부족해서 생기는 일이 아니라 기본적인 태도의 부재에서 비롯된 문제이다. 해야 할 일을 스스로 챙기고, 잘못했을 때는 인정하고, 어른에게 예의 있게 행동하는 습관은 학교 공부보다 훨씬 먼저 가르쳐야 할 '삶의 근력'이다.

아이의 미래를 결정짓는 것

공부를 잘하는 아이들은 공통적으로 기본적인 태도가 잘 잡혀 있다. 교실 안팎에서 예의 있게 행동하고, 선생님의 질문에 성실히 응답하며, 자신이 한 일에 책임지는 태도가 몸에 배어 있다. 이러한 태도는 선생님의 신뢰로 이어지고, 아이가 스스로 학습을 계획하고 꾸준히 이어 가는 힘이 된다. 반대로 기본 태도가 잘 잡혀 있지 않은 아이들은 학습 결과가 들쑥날쑥해지기 쉽고, 꾸준함을 유지하는 데 어려움을 겪는다.

부모가 아무리 계획을 잘 세우고 학원을 꼼꼼히 골라도 아이의 태도가 변하지 않으면 결국 모든 것은 제자리다. 사교육도, 계획도, 환경도 모두 도구일 뿐이다. 진짜 자기주도학습은 '공부를 잘하는 기술'에서 시작되는 것이 아니라 '공부에 임하는 태도와 삶을 대하는 자세'에서 시작된다.

어른을 보면 인사할 줄 알고, 잘못했을 때는 솔직하게 인정하며, 해야 할 일 앞에서 핑계 대신 방법을 찾는 태도가 바로 자기주도학습의 토대다. 버릇 없이 공부만 잘하는 아이가 아니라, 예의 바르고 책임감 있게 공부하는 아이, 스스로 선택하고 결과를 감당할 줄 아는 아이가 진짜 자기주도 학습자이다.

부모의 역할은 아이 대신 길을 닦아주는 것이 아니라, 아이가 스스로 올바른 태도로 길을 걸어갈 수 있도록 방향을 잡아주는 것이다. 공부보다 더 앞서서 말해주고 싶은 건 바로 이 부분이다. 태도는 성적보다 오래간다. 그리고 그 태도가 아이의 미래를 결정짓는다.

4장

자기주도력이 높아야 진짜 공부가 된다

01

1등 공부 습관은 빨래 개기에서 시작된다

많은 부모들이 '잔소리하지 않아도 스스로 공부하는 아이'를 꿈꾼다. 그런데 학습에서만 그 해답을 찾으려 하면 벽에 부딪힐 수밖에 없다. 자기주도학습은 공부하는 방법 중에 하나가 아닌 삶 전체를 주도적으로 살아내는 힘에서 비롯되기 때문이다. 아이가 주도적으로 살아간다는 것은 일상의 선택 속에서 '내가 결정하고 책임지는 경험'을 차곡차곡 쌓는 일이다. 아이가 성장하며 익혀야 할 힘은 다음과 같다.

첫째, 생활 속에서 타인과 의견을 조율하고, 실패를 받아들이며, 필요할 때 도움을 요청하는 '회복과 관계의 힘'이다.

둘째, 꿈을 구체적으로 그려보고, 선택의 결과를 맛보며, 정보와 실행력을 결합하는 '목표와 실행의 힘'이다.

셋째, 좋아하는 것과 잘하는 것 사이에서 나만의 길을 찾고, 당당하게 목소리를 낼 수 있는 '자기 정체성의 힘'이다.

이 힘이 길러지면 학습은 자연스럽게 따라올 수밖에 없다. 생활 속 주도성이 바탕이 되어야만, 스스로 공부하는 힘도 생기는 것이다.

그래서 자기주도학습을 이야기하기 전에 반드시 짚고 넘어가야 할 사실이 있다. 공부에서만 유독 주도적인 아이는 존재하지 않는다는 점이다. 물건을 자주 잃어버리고, 준비물을 챙기지 못하고, 용돈을 어디에 썼는지도 기억하지 못하는 아이가 공부에서만 계획표를 세우고 수행평가를 챙기는 꼼꼼한 습관을 갖기는 어렵다. 자기주도학습은 생활과 분리된 기술이 아니라, 주도적인 삶의 일부이기 때문이다.

내 인생을 책임지는 연습

생활 자립에는 단계가 있다. 초등 시기라면 가장 기본은 '내 것 챙기기'에서 시작한다. 아침에 가져갈 물통을 챙기고, 교과서를 준비하고, 하루가 마무리됐을 때 세탁물을 내놓는 습관이 그 시작이다. 많은 아이가 이 첫 단계를 놓치기 쉽다. 부모가 대신 챙겨주면 당장은 빠르고 편하지만, 아이는 스스로 해볼 수 있는 기회를 잃는다. 내 물건, 내 할 일을 스스로 챙겨본 아이만이 '내 책임 아래 놓인 삶'이라는 감각을 배워갈 수 있다.

용돈 관리와 청결 관리 역시 생활 자립의 중요한 부분이다. 용돈이 모두 소진되었을 때 아이가 경험하는 후회는 귀한 배움의 기회다. 이 후회 속에서 '정말 갖고 싶은 것을 사기 위해 욕구를 지연하고 견디는' 돈 관리의 본질을 배울 수 있기 때문이다. 부모가 대신 용돈을 관리해 줬다면 안전했을지 모르지만, 그만큼 배움의 기회는 사라진다.

아이는 방을 어지르고, 치우는 건 부모에게 의존한다면 스스로 공간을 정리하는 경험이 쌓이지 않는다. 내 주변조차 정리하지 못하는데 머릿속 생각이 또렷해지길 기대하기는 어렵다. 정돈된 환경을 유지하는 힘은 곧 자신의 생각을 다스리는 힘으로 이어진다. 자신의 방 하나도 제대로 정리하지 못하는 아이에게 좋은 성적을 기대해서는 안 되는 이유다.

중등 시기에 접어들면 자립의 무게가 달라진다. 이제는 내 것을 잘 챙기는 수준을 넘어, 개인 습관과 공동체 속 책임으로 확장되어야 한다. 방을 스스로 정리하고, 정해진 시간에 일어나 준비하며, 개인 위생을 지키는 일은 기본이다.

만약 중학생이 되었는데도 초등 시절 잡혀 있어야 할 기본 습관이 잡혀 있지 않다면, 성적이나 학원 스케줄을 고민하기 전에 먼저 생활 자립부터 점검해야 한다. 공부할 때 집중력은 생활 질서에서 비롯되기 때문이다.

또 중학생 정도가 되면 공동체 안에서의 책임감을 익혀야 한다. 그중에서도 집안일은 가장 좋은 훈련이다. 빨래를 개고, 식기를 정리하고, 주말에 함께 청소를 하는 일은 단순한 집안일 분담이 아니다. 아이는 그 과정에서 자기 몫을 감당하는 책임감을 배우고, 공동체의 일원이 되는 경험을 한다.

하버드대학 연구팀은 어릴 때부터 집안일을 꾸준히 한 아이들을 대상으로 추적 관찰한 결과 성인이 되었을 때 책임감과 협동심이 강하고, 사회적으로 성공할 확률이 높았다고 발표했다. 집안일은 단순하고 반복되는 노동처럼 보일 수 있지만, 무엇부터 할지 계획을 세우고 순서를 정하는 과정에서 문제 해결 능력을 키워준다. 또 몸을 움직이며 얻는 작은 성취감 역시 긍정적인 영향을 준다.

많은 부모가 그 중요성을 알고는 있지만, 집안일을 시켰을 때 막상 아이가 "공부해야 돼요"라고 말하면 흔들리게 된다. 하지만 집안일 때문에 공부할 시간을 빼앗긴다 생각하지 말고, 아이가 우선순위를 정하는 연습을 한다고 생각해야 한다. 아는 것을 행동으로 옮기지 못한다면, 그것은 모르는 것과 같다. 지식이 아니라 하루하루 쌓인 습관이 모여 아이가 성장한다는 것을 기억하자.

오늘 우리에게 필요한 것은 공부보다 '삶을 살아가는 법'을 먼저 가르칠 용기다. 생활 자립은 '스스로 하는 법'을 배우는 데서 그치지 않는다. 아이가 세상에 스스로 설 수 있는 가장 기본적인 훈련이다. 이 과정에서 아이는 작은 불편을 견디고, 실패를 경험하며 삶을 주도하는 힘을 길러간다. 공부는 그 힘 위에 세워진다. 결국 생활 자립은 아이가 자신의 인생을 책임질 준비를 하는 과정이다.

부모가 해줄 수 있는 가장 큰 선물은 좋은 선택을 대신해주는 것이 아니라, 아이가 자립의 기회를 얻고 스스로 키워갈 수 있도록 기다려주는 것이다. 작은 자립의 습관들이 모여 결국 아이가 세상에 나갈 힘이 된다.

자립심 연계도서

《손도끼》 게리 폴슨 저

《나무를 심은 사람》 장 지오노 저

《나는 초콜릿의 달콤함을 모릅니다》 타라 설리번 저

《로봇의 별(시리즈)》 이현 저

《나는 나로 살기로 했다》 김수현 저

《오늘부터 나는 세계 시민입니다》 공윤희, 윤혜림 저

02

산만한 뇌를 단숨에 '집중 모드'로 바꾸는 법

아이가 집중해서 공부를 하다가도 어느 지점에 와서는 산만해질 수 있다. 다만 어떤 아이는 집중력이 다시 돌아오고, 어떤 아이는 돌아오지 못할 뿐이다. 공부에 오래 집중하지 못한다고 해서 그 아이가 주도적이지 않은 것은 아니다. 진짜 자기주도학습을 하는 아이는 완벽한 집중력을 가진 것이 아니라, 공부의 흐름이 끊겨도 스스로 다시 시작할 줄 아는 것이다.

집중의 끈은 누구나 놓칠 수 있지만, 다시 붙잡을 수 있는 방법을 아는 아이와 그렇지 못한 아이의 실력 차이는 시간이 지날수록 크게 벌어진다. 바로 이 '자기 복원력'이 자기주도학습을 좌우하는 핵심이다.

예를 들어 숙제를 하다가 휴대폰 알림에 집중력을 빼앗긴다. 어떤 아이는 그대로 1시간을 흘려보내지만, 다른 아이는 몇 분 뒤 '다시 시작하자'는 신호를 스스로 만들고 돌아온다. 이 두 아이의 차이점은 자기만의 복원 방식을 알고 있느냐 없느냐에 있다.

자기 복원력은 결코 거창할 필요가 없다. 오히려 일상에서 쉽게 반복할 수 있는 작은 습관일수록 더 강력하다. 중요한 것은 그 복원 방식이 아이 스스로 선택한 행동이어야 한다는 점이다. 부모가 "이렇게 해" 하면서 정해준 방법은 오래가지 않는다. 자기주도란 결국 내가 스스로 찾아낸 방법을 내 삶에서 활용하는 능력이기 때문이다.

아이들이 선택하는 복원 방식은 참 다양하다. 어떤 아이는 졸릴 때마다 연필을 깎는다. 사소해 보이는 행동이지만, 그 아이에게는 '다시 시작하자'라는 마음으로 전환되는 신호가 된다. 또 어떤 아이는 수학 문제가 막힐 때 물 한 컵을 마시고 다시 마음을 다잡는다. 물 한 모금이 '멈춤과 시작'을 구분 짓는 기준이 되는 것이다.

집중이 흐트러질 때 짧은 음악 한 곡을 듣는 아이도 있고, 공책 첫 장에 붙여둔 자신만의 동기부여 문구를 보고 다시 마음을 추스르는 아이도 있다.

겉으로 보면 대단한 행동은 아닐지라도 이런 작은 습관들은 아이에게 '나는 흐트러져도 다시 돌아올 수 있다'는 자기 확신을 심어주는 강력한 장치가 된다.

자기주도적인 아이는 산만해진 순간을 실패로 여기지 않는다. "아, 또 놀아버렸네. 어떡하지?"가 아니라 "이제 다시 집중할 시간이네. 잘 놀았으니까 오히려 기분이 좋아!"라고 말한다. 이런 태도의 전환이 아이의 실행력을 완전히 달라지게 만든다.

다시 집중하는 방식은 뻔하지 않을수록 오히려 효과적이다. 타이머를 켜거나 스트레칭을 하는 것도 방법이지만, 아이에게는 신선하고 예상 밖의 방식이 더 잘 맞을 때가 있다. 이렇게 자신만의 복원 신호를 찾는 과정이 곧 자기주도의 시작이다.

시선 바꾸기

같은 방 안에서도 의자 방향을 창가쪽으로 돌리거나, 바닥에 앉아 문제를 풀어보는 식으로 바라보는 방향을 바꿔주는 방법이다. 큰 이동 없이 바라보는 방향만 달라져도 뇌가 새로운 자극을 받아 집중력이 다시 살아난다.

다시 시작 스위치

손목을 가볍게 털고 "어게인(again)"이라고 중얼거리는 동작이 '다시 시작하자'는 나만의 신호가 된다. 짧지만 뇌에게 다시 시작하는 사인을 보내는 효과적인 복귀 암시다.

7분 집중 챌린지

"앞으로 7분만 집중하자"라고 스스로 짧은 시간을 정해 선언해 보는 방식이다. 시작이 막막할 때나 스스로 한계에 왔다고 느낄 때, 마지막 7분을 더 짜내고 싶을 때 효과적이다.

끄적끄적 머리 비우기

집중력이 흐트러졌을 때 낙서를 하며 잠시 머리를 비운다. 낙서 노트를 펴두고 한 손은 낙서를 하면서, 눈은 공부할 부분을 보면 집중력이 높아지고 암기해야 하는 내용도 더 잘 정리된다.

말랑말랑 에너지 충전

요즘 아이들에게 익숙한 말랑이 장난감이나 작은 스트레스볼을 만지작거리는 방식이다. 손에 느껴지는 촉각이 잠시 스트레스를 완화시켜주고, 다시 집중할 수 있는 상태로 돌아오게 한다.

여기서 소개한 방법들은 그대로 따라야 할 정답이 아니다. 그러나 자신에게 맞는 방식을 찾아본다는 점에서 의미가 있으므로 아이 스스로 자기만의 작은 의식을 만들고 실행해보게 하자.

도둑맞은 집중력 회복 솔루션

잠시 잃은 집중력을 되찾는 방법은 다음과 같이 아이의 기질에 따라 달라질 수 있다.

다혈 기질

자주 산만해지지만 회복도 빠르다. 이 아이에게는 짧고 끝이 확실한 방법이 잘 맞는다. '10분 스트레칭 하기', '신나는 노래 한 곡 듣기'처럼 몸을 가볍게 움직이는 것이 효과적이다.

담즙 기질

집중이 깨지거나 산만해지면 자신에게 화가 나는 경우가 많다. 이때는 체크리스트를 점검해서 무엇부터 시작할지 우선순위를 재정리하는 것이 도움이 된다.

우울 기질

생각이 많아 공부하다가 다른 길로 빠지거나, 돌아왔을 때는 자책에 빠지기 쉽다. 이때는 자책을 멈추게 하는 한 문장을 미리 메모해서 읽거나, 조용한 음악을 들으면서 잠시 감정을 가라앉힌 뒤 해야 할 한 가지 일로 돌아오게 하는 것이 효과적이다.

점액 기질

변화를 싫어해서 무리한 상태에서도 자신만의 패턴을 유지하려다 피로가 누적된다. 이때는 멈춤을 실패로 느끼지 않도록 쉬는 시간을 계획에 포함시키는 것이 회복에 도움이 된다.

아이에게 필요한 것은 더 오래 버티는 힘이 아니라, 산만해졌다는 것을 알아차리고 다시 돌아오는 힘이다. 자기 복원 훈련은 바로 그 힘을 키우는 과정이다. 운동을 하지 않아 체력이 고갈됐을 때, 친구 관계가 흔들릴 때, 계획했던 일이 뜻대로 흘러가지 않을 때도 이 능력은 동일하게 적용된다.

자기주도를 잘하는 사람이란 완벽하게 집중하는 것이 아니라, 흐트러져도 다시 길을 찾아낼줄 아는 사람이 되는 것이다. 잠시 방향을 잃고 산만해지는 순간은 누구에게나 찾아온다. 그러나 그 순간을 끝이 아닌 새로운 시작의 문으로 삼을 수 있다면, 아이는 공부뿐 아니라 삶 전체를 이끌 수 있다.

결국 집중력이란 지속력이 아니라 회복력이다. 그리고 이 회복력이야말로 아이가 자기 삶을 주도할 수 있다는 가장 확실한 증거다.

회복력 연계도서

《모모》 미하엘 엔데 저

《수학 귀신》 한스 마그누스 엔첸스베르거 저

《시간가게》 이나영 저

《구덩이 HOLES》 루이스 쌔커 저

《좀머 씨 이야기》 파트리크 쥐스킨트 저

《세계를 건너 너에게 갈게》 이꽃님 저

03

실패 리허설: 실패를 두려움이 아닌 놀이로

아이에게 크고 작은 실패는 늘 예고 없이 찾아온다. 시험 점수가 기대만큼 나오지 않을 때도 있고, 긴장해서 발표를 망칠 때도 있다. 최선을 다한 경기에서 졌을 때는 그 순간 세상이 끝난 것처럼 주저앉기도 한다. 어른의 시선에서는 작은 사건이지만, 아이들에게는 감당하기 어려운 충격으로 다가오기도 한다. 이때는 부모가 다독여도 쉽게 마음이 풀리지 않는다.

아이가 힘들어하는 진짜 이유는 '실패' 그 자체가 아니다. 실패 경험이 낯설고, 아직 실패를 다루는 방법을 배워본 적이 없기 때문에 생기는 자연스러운 현상이다. 따라서 아이에게 필요한 것은 실패 자체를 막아주는 보호막이 아니라, 실패를 마음껏 연습할 수 있는 기회다.

발표를 앞두고 거울 앞에서 리허설을 하듯, 운동선수가 경기 전에 몸을 풀듯, 배우가 무대에 오르기 전 수십 번 연습을 하듯, 아이 역시 인생에서 반드시 맞닥뜨릴 실패를 '실패 리허설'이라는 작은 단위로 경험해봐야 한다. 그렇게 실패를 낯선 손님이 아닌 익숙하고 다루는 법을 아는 손님으로 받아들이게 되면 아이는 흔들리지 않고 회복할 수 있는 힘을 얻는다.

아이 혼자서 "오늘은 실패를 해봐야지" 하고 실패 리허설을 해보는 것은 거의 불가능하다. 일부러 실패하는 이상한 사람으로 취급받을 수 있다. 그래서 처음에는 부모만 알게 실험처럼 시도해보는 것이 좋다. 대신 부모가 실패의 해결책을 제시하는 것이 아니라, 아이 옆에서 동행자가 되어 '어떻게 할지' 함께 고민하고 해결할 수 있는 분위기를 만들어주는 정도면 충분하다.

이때 의지를 다지며 심각하게 접근하기보다 새로운 놀이를 제안하듯 가볍게 시작하는 것을 추천한다. 아이가 혼자서는 엄두가 나지 않을 일도, 누군가 옆에서 함께한다는 사실만으로 '심리적 안정망' 안에서 부담 없이 시도할 수 있다. 실패 연습은 거창할 필요 없이 생활 속에서 틈틈이 시도해보면 좋다.

한 정거장 먼저 내리기

버스를 탈 때 일부러 한 정거장 일찍 내려본다. 시간적 여유가 있을 때 해볼 만한 경험이다. 익숙한 길이 아니어서 당황할 수 있지만, 잠시 걷다 보면 지나쳤던 주변의 모습도 보이고 가보지 않은 새로운 길을 발견하기도 한다. 이 경험은 실수나 실패가 꼭 위기만이 아니라 다른 가능성을 열어줄 수 있다는 사실을 몸으로 배우게 한다.

요리 실험하기

설탕 대신 소금을 넣는 일은 요리를 하다 보면 한 번쯤 겪게 되는 흔한 실수다. 이 상황을 어떻게 대하냐에 따라 작은 실수가 웃음으로 기억되어 다시 시도해보고 싶은 마음을 만든다. 다음에 요리할 때는 설탕과 소금을 넣기 전에 한번 더 확인해보는 습관이 생길 것이다.

망친 그림 심폐소생술

도화지에 뒤죽박죽 선을 그어놓고, 이 상태에서 그림을 살려보는 연습을 해본다. 완벽하지 않은 그림을 창의적으로 살리는 방법을 찾는 과정에서 아이는 '완벽해야만 의미 있다' 는 고정관념에서 벗어난다. 실패는 오히려 창의력의 문을 열어줄 수 있다.

일부러 실패하기

간단한 과학 실험에서 일부 과정을 다르게 진행해본다. 아이는 예상했던 결과와의 차이를 관찰하고, 그 이유가 무엇인지 생각하고 학습한다. 부모는 옆에서 실패를 통해 많은 것을 배울 수 있다는 점을 알려주고, 실패를 기록하고 되짚어보는 습관의 중요성을 함께 알려준다.

고장 난 물건 고치기

연필깎이가 잘 작동되지 않거나 장난감이 고장 나면 아이가 직접 고쳐보게 하자. 제대로 고쳐지지 않더라도 그 경험은 해결하려고 노력한 도전의 흔적으로 남는다.

DIY 가구 조립 도전

DIY 가구 조립은 실패를 연습하기에 좋은 활동이다. 작은 선반 등을 만들다 보면 나사를 거꾸로 끼우거나 판을 잘못 맞추는 일이 흔하다. 아이가 답답해하며 짜증을 낼 때 부모가 "이런 건 어른도 충분히 할 수 있는 실수야. 다음번에는 안 해본 어른보다 더 잘할 수 있겠는걸?" 하고 자연스럽게 받아주면, 아이는 실패를 두려움 대신 경험치가 누적되는 과정의 일부로 느낀다. 다소 삐뚤빼뚤한 완성품도 '우리만의 작품'이라며 웃으며 받아들일 수 있다면, 함께 만든 가구를 볼 때마다 실패의 기억보다는 부모와 재밌게 만들었던 추억이 떠오를 것이다.

이처럼 실패를 놀이처럼 시도하는 과정에서 아이는 실패를 자연스럽게 받아들이게 되고, 그 경험은 마음속에 차곡차곡 '자기 복원력'으로 쌓인다. 또한 실패가 속상한 기억이 아니라, 일상에서 당연히 일어날 수 있는 일임을 비로소 깨닫게 된다.

어느 부모가 아이의 실패하는 모습, 좌절하는 모습을 보고 싶겠는가? 하지만 안쓰러운 마음에 아이가 직접 걸어가야 하는 길을 다 닦아주는 건 오히려 나약하게 만든다. 실패 앞에서 쉽게 주저앉지 말고 그것을 배움의 관점으로 바라보게 도와주자. 그 경험을 거듭하면 아이는 모르는 문제가 나와도 풀려고 시도하고, 발표에서 버벅거려도 다시 도전하며, 친구와 갈등이 있어도 자신을 잃지 않는다.

오늘 아이에게 이렇게 제안해보자.

"우리 실패 연습을 한 번 해보자. 일부러 틀려보고, 일부러 길도 잘못 가보자!"

실패가 별것 아니라고 느끼게 해주는 것이다. 그리고 그때 어떤 기분이 들었는지 아이와 함께 이야기 나누어보자. 아이들은 삶에서 앞으로 아직 가야 할 길이 멀다. 시험을 한 번 잘 보지 못했다고, 친구 관계가 힘들다고 마치 삶이 끝난 것처럼 행동하는 아이들도 있다. 하지만 아이들은 아직 성장 중이라는 사실을 기억해야 한다. 이것을 아이의 멘탈 문제로 탓하지 말고, 작은 실패들이 차곡차곡 쌓여 웬만한 외부의 바람에도 쉽게 흔들리지 않도록 힘을 길러주자.

실패 극복 연계도서

《꼴찌에게 보내는 갈채》 박완서 저

《불량한 자전거 여행》 김남중 저

《꼴찌들이 떴다!》 양호문 저

《노인과 바다》 어네스트 밀러 헤밍웨이 저

《하버드 회복탄력성 수업》 게일 가젤 저

《실패 도감》 오노 마사토 저

04

실행의 문턱을 낮춰주자

요즘 아이들은 세상의 많은 정보를 쉽게 접한다. 검색창에 몇 글자만 입력하면 서울대 공부법, 다이어트 비법, 인간관계 해결책, 심지어 '성공한 사람들의 멘탈 관리 비법'까지 단 몇 초 만에 쏟아진다. 그런데 이런 정보의 풍요 속에서 아이들이 빠지기 쉬운 함정이 있다. 바로 '아는 것'과 '하는 것'을 동일한 것으로 착각하는 것이다. 머릿속에 지식이 늘었다고 해서 삶이 저절로 달라지는 것은 아니다.

상담을 하다 보면 "공부는 어떻게 해야 하는지 알아요. 계획을 세우고, 예습과 복습을 철저히 하고, 오답노트도 써야 한다는 거 다 알아요"라고 말하는 아이들을 자주 만난다. 그런데 실제로 보면 그럴듯하게 세워 놓은 계획표는 한 달째 책상 구석에 방치되어 있고, 오답노트 활용법은 전혀 모른다.

영어 단어를 공부할 때도 상황은 다르지 않다. 인터넷에서 '영단어 암기 비법'을 수없이 찾아보고, 암기 앱도 여러 개 깔았지만 단어장을 실제로 펼쳐본 시간은 하루에 10분도 되지 않는다. '나는 영어를 공부해야 돼'라는 생각은 맴돌지만, 손과 눈이 움직이지 않으니 실력은 제자리다. 문제는 방법을 모르는 것이 아니다. 아는 것을 행동으로 옮기지 못하는 실행력이 부족한 상태인 것이다.

반대로 특별한 비법은 몰라도, 매일 같은 시간에 단어장을 보면서 매일 20개씩 꾸준히 외운 아이의 성적은 오를 수밖에 없다. 결국 중요한 것은 아는 것이 아니라 '하는 것'이 변화를 만든다는 사실이다.

이 차이는 학습뿐 아니라 일상에서도 뚜렷하다. 누구나 늦게 자면 피곤하고, 핸드폰을 머리맡에 두면 수면의 질이 떨어진다는 것을 안다. 하지만 잠들기 직전까지 핸드폰을 붙잡고, 아침에는 흐릿한 눈으로 또다시 스크롤을 내린다. 알고 있는 것을 행동으로 옮기지 않으니 컨디션은 달라지지 않는다. 반대로 의식적으로 핸드폰을 멀리 두고 잠자리에 든 아이는 며칠 지나지 않아 아침이 한결 가벼워진다. 아는 것만으로는 삶이 변하지 않고, 실천이 반복되어야 비로소 습관이 된다.

주목할 점은 오히려 정보가 많을수록 아이가 더 불안해한다는 사실이다. '나는 방법을 다 아는데 왜 성적은 안 오를까?'라는 자괴감에 빠지는 경우가 많다. 정보 과잉은 실행을 미루게 하는 주범이다. 고차원적인 정보를 접하면서 뇌는 이미 '뭔가 해낸 것 같은 심리적 착각'을 한다. 공부법 영상을 보고 만족하는 이유도 여기에 있다. 그러나 이 심리적 만족은 가짜 성취이다. 진짜 성장은 앎의 순간이 아니라, 실천할 때 시작된다.

시작이 답이다

실행력은 타고난 성격이 아니다. 훈련을 통해 길러지는 능력이다. 시작조차 못하는 아이에게 '매일 영어 단어 100개 외우기'는 오히려 의욕을 꺾는다. 그래서 '매일 영어 단어 5개 외우기'부터 시작해야 한다. '매일 책 한 권 읽기'가 아닌 '매일 30분씩 책 읽기'와 같은 낮은 출발점이 필요하다. 대단한 성과를 당장 내지 않아도 괜찮다. 중요한 것은 일단 시작하는 것이다.

실행의 경험을 통해 아이는 생각보다 어렵지 않았다는 안도감을 느끼고, '다음에는 이렇게 해볼까?'라는 구체적인 점검을 하며, '내가 해낼 수 있구나'라는 자기 신뢰를 쌓게 된다. 작은 성공의 경험이 쌓이면 아이는 공부 시간을 늘릴 수 있는 힘이 생긴다.

실제로 아이들을 만나보면 공부 방식에 큰 차이가 있다. 어떤 아이는 정보 수집형으로만 공부했다. 문제풀이 방법을 유튜브로 수없이 보았지만, 정작 스스로 문제를 풀어본 적은 없었다. 엄마가 문제에 대해 물어보면 늘 "다 알아요"라고 답했고, 강의를 열심히 들었다는 사실로 자신을 위안했다. 그러나 정작 시험에서는 배운 내용을 적용하지 못해 당황하는 경우가 많았다.

반대로 어떤 아이는 정보 입력의 양보다 반복을 택한다. 같은 문제를 여러 번 풀며 손과 눈으로 충분히 익혔다. 처음에는 느려 보였지만, 시간이 갈수록 사고 속도가 빨라지고 자신감이 쌓였다. 결국 두 아이의 성적 차이는 '지식의 양'이 아니라, '행동의 누적'에서 갈린 것이다. 정보는 머리에 흔적을 남기지만, 실행은 마음에 자신감을 새긴다.

이 원리는 공부 외의 영역에서도 그대로 적용된다. 누구나 '건강하려면 운동해야 한다'는 사실은 안다. 그러나 매일 운동화를 신고 30분이라도 걷는 사람만이 몸의 변화를 체감한다. 마찬가지로 '친구와 관계가 좋아지려면 먼저 관심을 표현해야 한다'는 것도 누구나 아는 사실이지만, 문자 한 통, DM 하나라도 먼저 보내는 행동이 관계를 바꾸는 계기가 된다.

자기주도학습 역시 정보력과 실행력의 결합이다. 아는 것만으로는 불안이 쌓이고, 무작정 실행만 하면 방향을 잃는다. 그러나 둘이 만나면 학습은 달라진다. 작은 실행 하나가 성취로 이어지고, 성취는 다시 실행을 부르는 선순환이 시작된다. 아이의 '나는 해낼 수 있다'는 자기 신뢰는 결국 공부뿐 아니라 삶 전체를 움직이는 동력이 된다.

실행력 연계도서

《삼국유사(어린이판 해설)》 일연 저

《꼴찌, 세계 최고의 신경외과 의사가 되다》 그레그 루이스, 데보라 쇼 루이스 저

《너에게 들려주는 단단한 말》 김종원 저

《역사의 쓸모》 최태성 저

《정재승의 과학 콘서트》 정재승 저

《10대를 위한 총균쇠》 김정진 저

05

아이가 선택할 기회를 빼앗지 마라

"엄마 말 들으면 자다가도 떡이 생긴다", "아빠가 해보니까 이게 더 좋은 선택이야"와 같은 말은 부모가 자주 하는 말 중 하나다. 부모는 경험으로 어떤 길이 더 편하고 안전한지, 어떤 결정이 더 의미가 있는지 알고 있기에 자연스럽게 아이에게 그 길을 권하게 된다. 그래서 아이가 편식하면 은근슬쩍 채소를 권하고, 학교를 마치고 집에 와서 유튜브만 보고 있으면 "숙제 먼저 끝내야 나중에 놀 때 마음이 편하잖아"라고 말한다. 부모는 언제나 아이가 좋은 방향으로 나아가길 바란다.

그러나 늘 보호된 선택 안에서만 자란다면, 아이는 스스로 판단하는 힘을 기르기 어렵다. 선택은 크게 보호된 선택과 주체적 선택

2가지로 나눌 수 있다. '보호된 선택'이란 누군가가 위험을 대신 제거해주고 '이 길이 좋아'라고 안내해주는 것이다. 반면 '주체적 선택'은 아이 스스로 생각하고, 판단을 내린 뒤 그 결과를 감당하고 책임지는 것이다. 보호된 선택은 달콤하고 안전하지만, 주체적 선택은 때로는 쓰다. 그러나 인생에서 중요한 결정이나 결과는 보호된 선택이 아니라, 주체적 선택으로 만들어야만 한다.

어릴 때부터 아이가 스스로 선택해봐야 하는 이유는 선택에는 언제나 결과가 따라온다는 사실을 배워야 하기 때문이다. 그 결과를 직접 경험해야만 선택의 무게와 책임을 몸으로 이해한다.

어린 시절 내내 엄마가 말해주는 대로 가는 길이 정답이라고 믿으며 자란다면 대학에 가서조차 전공 하나, 직장 하나 스스로 선택하지 못한다. 결국 사회에 나와서도 타인이 선택한 기준에 기대어 살아가게 된다. 스스로 선택한 그 결과에 따라 웃기도 하고 좌절도 해본 아이라면 커서 맞닥뜨리는 중요한 갈림길에서도 좀 더 현명하게 대응할 수 있다.

대개 보호된 선택은 학습이나 진로 선택에서 자주 나타나는데, 초등 고학년이 되면 부모가 공부할 과목 순서를 정하거나, 학원을 선택해주는 것에서 시작된다.

"수학이 중요하니까 무조건 수학부터 해야 해."

"이 학원이 유명하다고 해서 엄마가 어렵게 등록했으니까 여기다녀."

아이의 관심이나 학습 방식은 고려하지 않고, '안전하고 좋은 길'을 부모가 대신 설계해주는 것이다. 하지만 이런 방식은 아이가 스스로 학습의 우선순위를 세우고, 자신에게 맞는 공부법을 탐색할 기회를 앗아간다.

결국 주체적으로 계획을 세우고 조정하는 힘이 자라지 않아, 중고등학교에 가서도 학습을 '시켜주는 대로만' 하게 된다. 이는 보호된 선택이 학습 성장을 가로막는 전형적인 예다.

친구와의 갈등 상황에서도 마찬가지다. 아이가 친구와 다투고 속상해할 때 부모가 "앞으로 그 친구와 놀지 마" 혹은 "엄마가 내일 그 친구 엄마를 만나서 얘기해볼게" 하면서 과잉 개입을 해버리는 경우가 있다. 가장 빠른 해결방법 같아 보이지만, 결과적으로 아이가 관계 안에서 스스로 감정을 정리하고, 대화를 나누거나 사과하는 등의 경험을 해보지 못하게 된다.

아이가 성장하면서 겪는 크고 작은 갈등은 좋은 훈련이 된다. 부모의 과잉 개입으로 주체적 선택의 기회를 갖지 못하게 되면, 나중에는 사소한 문제도 스스로 해결하지 못하게 된다는 것을 기억하자.

스스로 기준을 세우는 훈련

아이가 용돈으로 게임 아이템을 사고 싶어 하면 부모 입장에서는 '그 돈으로 책을 사는 게 훨씬 낫지'라는 생각이 든다. 하지만 한 번쯤은 용돈의 사용처를 아이에게 완전히 맡겨보는 것도 좋다. 아이는 결국 아이템을 살 것이고, 며칠 지나지 않아 '괜히 샀다, 재미도 없고 금방 끝난다'며 후회할 가능성이 크다. 한 번 비싼 아이템을 샀다고 해서 게임 내에서 최강자가 될 수 없고, 매번 이렇게 돈을 쓰는 것도 어렵다는 사실을 깨닫게 되기 때문이다.

이때 부모는 "내 말이 맞지? 그럴 줄 알았어"라고 말하고 싶어도 참고, 대신 아이에게 "이번에 이렇게 써보니 어땠어? 다음엔 어떤 기준으로 써보면 좋을까?"라고 의견을 묻는 것이 중요하다.

아이는 직접 경험한 허무함 덕분에, 소비의 기준을 스스로 점검할 수 있다. 누가 대신 막아줬다면 안전했을지 모르지만, 주체적 선택의 무게를 느끼는 경험은 하지 못했을 것이다.

물론 반대의 상황도 발생할 수 있다. 아이가 아이템을 구입한 후 기대보다 큰 만족을 얻거나, 잠시나마 게임 내에서 '돈의 힘'을 경험하며 더 많은 소비를 갈망할 수도 있다. 이때 부모는 급하게 소비를 막거나 용돈을 줄이는 대신, 아이의 '만족'은 존중하되 '지속 가능성'이라는 관점에서 새로운 질문을 던져야 한다.

"지금 당장 기분은 좋지만, 이 즐거움을 위해 다음 달 용돈까지 미리 쓸 가치가 있을까?"

"네가 중요하게 생각하는 다른 것(책이나 친구와의 만남 등)의 가치와 비교했을 때 이 아이템은 너에게 어떤 의미일까?"

이러한 질문은 아이가 소비를 '순간의 쾌락'이 아닌 '가치와 우선순위'를 고려하도록 돕는다. 성공적인 소비든, 후회스러운 소비든 그 결과를 맛보고 스스로 기준을 세우는 훈련은 주체적 선택의 기본이 된다.

아이가 스스로 선택을 하고, 그 결과를 마주하며 반성하고 피드백을 쌓는 경험은 실패나 후회로 끝나지 않는다. 주체적 선택의 경험이 쌓일수록 다음 선택은 조금 더 신중해지고 책임지는 태도가 생기며, 결국 '나는 이런 사람이다'라는 자기 정체성이 만들어진다.

부모가 해줄 수 있는 최선은 '올바른 길'을 미리 정해주는 것이 아니다. 책임감은 선택의 결과로 자란다. 아이가 직접 걸어가면서 넘어지고 일어서는 과정을 응원하는 마음으로 지켜봐주자.

선택의 가치 연계도서

《아홉 살 인생》 위기철 저

《초등 선택 미션》 사이토 다카시 저

《악당의 무게》 이현 저

《데미안》 헤르만 헤세 저

《위저드 베이커리》 구병모 저

06

기꺼이 손해 볼 줄 아는 아이가 강한 이유

아이를 키우는 기준이 시대가 바뀌면서 많이 달라졌다. 과거에는 겸손과 양보를 가르쳐 '착한 아이 컴플렉스'를 심어 주었다면, 요즘은 "어디 가서 기죽지 마", "네가 손해 보면 안 돼"라며 자기주장만 강조하다가 '무례한 아이'로 키우는 경우도 있다.

먼저 '착한 아이'라는 칭찬에 갇힌 아이들을 보자. 이들은 어릴 때부터 "양보해. 우리 딸 착하지?"라는 말에 익숙해져 있다. 힘들어도 "안 힘들어요", 억울해도 "괜찮아요"라며 쿨한 척 강한 척 자신을 포장한다. 흔히 철들었다고 표현하지만, 아이의 속마음을 감추게 하는 일이다.

하지만 안타깝게도 감정은 억누른다고 사라지지 않는다. 착한 아이의 가면 뒤에는 거절하지 못한 억울함이 차곡차곡 쌓이다가 사춘기가 되면 걷잡을 수 없이 폭발한다. 부모는 "순하던 애가 변했다"고 당황하지만, 아이는 비로소 묵혀둔 감정을 토해내는 것일 뿐이다.

반대의 경우도 문제다. 상황이나 타인의 기분은 아랑곳하지 않고 자기 말만 다 옳다고 우기는 아이들이다. 요즘 학교에서는 이런 아이들이 늘어나 수업 분위기를 흐리거나, 너무 당돌한 태도로 선생님을 당황하게 만들기도 한다. 이런 아이들은 자신의 무례함을 '솔직함'이나 '당당함'으로 착각한다.

하지만 상황에 맞지 않는 자기표현은 '주도성'이 아니라 '미성숙함'일 뿐이다. 기본적인 언어 예절과 생활 태도는 가정에서부터 시작되어야 한다. 때와 장소를 가려 말하는 법을 배우지 못한 아이는 오해를 사고 관계를 어렵게 만들며, 사회에 나가서도 결코 환영받지 못한다.

결국 한쪽은 억울함을 속으로 삼키느라 병이 들고, 다른 한쪽은 타인을 배려하지 않는 태도 때문에 주변 사람들로부터 고립된다. 진정한 자기주도성은 어디에도 없다. 그렇다면 우리는 아이에게 무엇을 가르쳐야 할까? 바로 품격 있는 자기표현이다.

마음의 여유가 만드는 놀라운 힘

아이에게 '할 말은 하라'고 가르치기 전에, 먼저 알려주어야 할 삶의 지혜가 있다. 바로 조금 손해 보며 사는 삶이 오히려 마음을 편안하고 강하게 만든다는 사실이다. 100을 받으면 반드시 100을 돌려주어야 하고, 10원도 손해 보지 않기 위해 계산기를 두드리는 삶은 피곤하다. 항상 날이 서 있어야 하고, 타인을 적으로 간주해야 되기 때문이다.

반면 양보하고, 조금 더 손해 보겠다고 마음먹으면 삶에 여유가 생긴다. 이것은 굴복해서 지는 것이 아니라, 내 그릇이 더 크기 때문에 베푸는 '선택'이다. 이런 여유를 가진 아이는 친구 관계에서 사소한 시비에 휘말리지 않는다. 억울한 일이 생겨도 '그래, 내가 한 번 봐준다'라고 넘길 수 있는 내면의 힘이 생긴다. 그래서 기꺼이 손해 볼줄 아는 아이 주변에 좋은 친구들이 모이고, 결국에는 더 큰 리더십을 발휘하게 되어 하나의 강점으로 자리잡게 된다.

물론, 부당한 상황이나 자신의 원칙을 지켜야 할 때는 분명한 목소리를 내야 한다. 단, 그 방식은 정중해야 한다. 자기주도적인 아이는 무조건 "싫어!"라고 소리치지 않는다. "죄송하지만 그건 곤란해요", "저는 이 부분이 불편해요"라고 예의를 갖추어 자신의 경계를 지킬 줄 안다. 거절은 서로의 관계를 끊는 칼이 아니라, 나를 보호하고 상대를 존중하는 방패라는 걸 알기 때문이다. 정중한 거절을 연습해본 아이는 타인의 거절 또한 상처받지 않고 받아들이는 건강한 자존감을 갖게 된다.

자기주도성은 혼자 모든 걸 해내는 독불장군이 되는 게 아니다. 자신의 부족함을 인정하고 '도움'을 요청하는 것 역시 중요한 능력이다. 공부하다 막히면 "모르겠어요" 하고 포기하는 게 아니라, "선생님, 여기까지는 이해했는데 이 부분이 어렵습니다. 도와주세요"라고 말할 줄 아는 것이 진짜 주도적인 것이다.

아이의 기질에 따라 도움을 요청하는 방식이 다르기 때문에 다음과 같은 접근이 도움이 된다.

다혈 기질

친하지 않은 친구나 낯선 사람에게 말을 걸거나 다가가는 데 망설임이 없다. 누군가에게 도움을 요청하는 것 자체는 이 아이에게 어렵지 않은 행동이다. 다만 생각하는 속도보다 말이 먼저 나와 표현이 빠른 만큼 말실수를 하기도 한다. 따라서 도움이 필요한 상황에서 아이가 흥분을 가라앉히고 상황에 맞게 요청하는 방법을 알려주고 연습시키는 것이 좋다.

담즙 기질

어떤 일이든 스스로 해결하고 싶어 하는 욕구가 강하다. 자신이 선택한 방식에 자부심이 있어 도움을 요청하면 주도권을 잃는다고 느끼기도 한다. 그러나 동시에 목표에 도달하기 위해 필요한 행동이라면 과감하게 선택할 줄도 안다. 따라서 도움을 구하는 행위가 '의존'하는 것이 아니라, 스스로 결정한 전략적 선택임을 알려주는 것이 중요하다. 추진력이 강해서 말이 단정적으로 들릴 수 있으므로, 요청할 때는 상대를 존중하는 겸손한 표현을 함께 익히게 한다.

우울 기질

관계와 평가에 매우 민감하다. 도움을 요청하고 싶어도 '거절당하면 어쩌지?', '민폐가 되면 어쩌지?'라는 걱정이 먼저 앞서 쉽게 입을 열지 못한다. 그러나 한 번 신뢰가 형성되면, 배움을 깊이 축적하고 안정적으로 성장하는 힘을 가졌다. 따라서 도움을 요청하는 것이 '부끄러운 일'이 아니라, 스스로를 지키는 용기 있는 선택임을 반복해서 경험하게 해주는 것이 중요하다. 아주 작은 요청부터 시작해 성공 경험을 쌓아나가면 점점 더 자기표현에 자신감을 얻을 수 있다.

점액 기질

누군가에게 부탁하는 일 자체가 부담이 되어, 도움을 요청해야 할 순간에도 혼자 감당하려는 경향이 강하다. 배려심이 깊어 타인의 상황을 먼저 살필 줄 알지만, 그 배려가 지나쳐 자신이 필요한 것을 뒤로 미루는 경우도 있다. 그래서 내가 상대에게 부탁을 해도 관계가 흔들리지 않는 경험을 쌓게 해주면, 보다 편안하게 자신의 바람을 드러낼 수 있게 된다.

아이에게 가르쳐야 할 것은 부당함을 참는 침묵도, 내 주장만 내세우는 무례함도 아니다. 조금 손해를 감수하며 넉넉한 마음으로 타인을 배려하되, 필요한 순간에는 예의 바르게 "제 생각은 이렇습니다"라고 표현할 줄 아는 아이로 키워야 한다. 이런 태도를 갖춘 아이는 결국 공부에서도, 인생에서도 진정한 주도권을 쥔 어른으로 성장할 수 있게 된다.

자기표현 연계도서

《지퍼백 아이》 김유 저

《우아한 거짓말》 김려령 저

《체리새우: 비밀글입니다》 황영미 저

《모범생의 생존법》 황영미 저

《10대를 위한 관계 수업》 사이토 다카시 저

07

아이의 자존감은 어떻게 키워줄까?

아이에게 꼭 알려주어야 할 중요한 진실이 있다. 세상에서 누구보다 아이를 사랑하는 사람은 부모일 수 있다. 그러나 평생 동안 가장 깊이 사랑하고, 어떤 상황에서도 지켜줄 수 있는 존재는 결국 자기 자신이다. 부모의 사랑은 언젠가는 물러날 수밖에 없고, 친구나 선생님의 응원도 항상 함께일 수는 없다. 하지만 '나를 사랑하는 힘'을 길러 놓은 아이는 세상의 어떤 폭풍우 속에서도 다시 일어설 수 있는 든든한 버팀목을 갖게 된다.

나를 사랑한다는 것은 거울 속의 내 겉모습만 좋아하는 일이 아니다. 내 감정을 부정하지 않고, 내 마음을 정직하게 바라보며 자신을 믿는 태도에서 진짜 자기 사랑이 시작된다. 즉, 겉모습뿐 아니라 마음 깊은 곳에 있는 나의 모습까지 존중할 수 있어야 한다.

하지만 안타깝게도 요즘 많은 아이들은 이 힘을 잃은 채 살아간다. 성적이나 친구 관계 같은 외부 기준에 자신을 재단해 조금만 부족해도 스스로를 깎아내리기 일쑤다. 이렇게 남이 매기는 점수로 자신의 가치를 판단하게 두어서는 안 된다. 사람이 세상에 태어난 이유가 '남들에게 증명하기 위해서'가 아니라 '나답게 살아가기 위해서'라는 점을 알려주자.

아이들이 위축감을 극복하고 삶의 주도권을 쥐려면, 외부의 달콤한 위로가 아니라 내면의 단단한 믿음이 필요하다. 부모의 칭찬이나 선생님의 격려가 아무리 따뜻해도, 그것은 순간적일 뿐이다. 누가 옆에서 "너는 소중하다"라고 백번 말해주기보다, 아이 스스로 '나는 믿을 만한 사람이다'라고 느끼는 것이 훨씬 중요하다. 사실 자존감은 누가 대신 만들어주는 것이 아니다. 진짜 자존감은 자기 신뢰에서 나오기 때문이다.

진짜 자존감은 내가 선택한 일에 책임을 다하기 위해 노력하고 나와 한 약속을 지키며, 다른 사람과 비교하지 않고 오롯이 나를 기준으로 판단할 때, 그리고 내가 한 노력이 뿌듯하게 느껴질 때 생긴다. 이러한 선택과 기준이 쌓여 아이의 내면에는 '나는 나를 믿을 수 있다'는 확신이 자란다. 그리고 이 믿음은 아이가 공부를 하거나, 친구를 사귀거나, 삶에서 중요한 선택을 할 때 가장 큰 힘이 되어준다.

이번에는 기질에 따라 아이의 자존감이 언제 흔들릴 수 있고, 이때 도와주는 방법은 무엇인지 알아보자.

다혈 기질

외향적이고 밝아 보이지만, 사실 인정 욕구에 취약하다. 남이 웃어주지 않으면 스스로 초라하게 느끼기도 한다. 하지만 세상의 모든 사람에게 관심과 사랑을 받을 수는 없다. 이 기질의 아이들은 남의 반응과 상관없이 내가 즐거움을 느끼고, 내가 한 선택에서 만족을 얻는 경험을 쌓는 것이 중요하다.

담즙 기질

목표나 성취 결과에 따라 자존감이 흔들린다. 자기 기준에 못 미치면 스스로를 몰아붙이고, 실패하면 존재 자체가 흔들리는 듯한 불안을 느낀다. 따라서 이 아이에게는 '잘했기 때문에 가치 있는 것이 아니라, 존재 자체로 소중하다'는 것을 알려주고, 결과뿐 아니라 최선을 다한 과정만으로도 자신을 증명할 수 있다는 사실을 일깨워 주어야 한다.

우울 기질

이 아이는 완벽하지 않으면 시작조차 하지 않고, 작은 실수에도 스스로를 깎아내리기 쉽기 때문에 '불완전한 나도 괜찮다'는 자기 수용이 필요하다. 실제로 충분히 괜찮음에도 불구하고 계속 자신을 다른 사람과 비교하는 경향이 있다. 비교는 끝이 없다는 사실을 알려주고, 타인이 아닌 나 자신의 성장에 집중할 수 있도록 도와주어야 한다.

점액 기질

티 나지 않게 꾸준히 노력하지만, 그 과정이 눈에 잘 드러나지 않아 자신의 가치를 잊기 쉽다. 갈등을 피하고 눈에 띄지 않으려다 보니 자신을 과소평가하기도 한다. 이때는 아이에게 '조금 느릴 수 있어도 결국 해내는 힘'이 있다는 사실을 확인시켜주고, 작은 도전에서 '나도 해낼 수 있다'는 경험을 쌓도록 도와주면 자존감을 키우는 데 도움을 줄 수 있다. "너는 천천히 해도 결국 해내는 사람이야"라는 부모의 진심 어린 확인은 곧 아이가 자신을 사랑하는 뿌리가 된다.

앞서 말했듯이 누구나 4가지 기질을 모두 가지고 있으며, 그중 주기질과 보조기질이 두드러지게 나타나는 것이다. 아이가 자신의 기질을 이해하고 받아들일 때 자기 수용과 신뢰가 커지고, 그 신뢰는 자연스럽게 자기 사랑으로 이어진다. 나아가 자신의 강점과 약점을 알고 부족한 부분을 채우면 균형 잡힌 성숙한 삶을 살아갈 수 있다.

공부도 마찬가지다. 결국 공부의 핵심은 자신감이다. 문제를 풀면서 '이건 못할 거야'라는 생각을 하면 이미 반은 지고 들어간 셈이다. 반대로 '일단 해보자, 안 되면 어쩔 수 없지'라는 태도로 도전하면 그 감각을 결과와 상관없이 몸에 익히게 된다.

학생 시절에 할 수 있는 가장 값진 경험은 바로 '최선을 다해보는 경험'이다. 아이돌이든 게임이든 어떤 대상에 몰입해 밤을 새우며 열정을 쏟아본 경험(덕질)은 결국 '나는 이렇게까지 해본 적이 있다'라는 자기 확신으로 남는다. 그 경험이 있다면 공부라는 영역에도 똑같이 주도적인 태도를 적용할 수 있다.

정신건강의학과 전문의 오은영 박사가 말했듯, 시간이 지나면 몇 학년 때 몇 점을 받았는지는 기억에 남지 않는다. 그러나 한 문제를 풀기 위해 머리를 싸매고 고민하던 시간, 시험 기간에 밤을 새우며 끝까지 버텨낸 애씀은 오래 남는다. 그래서 지금 아이들이 책상 앞에서 보내는 시간은 단순히 좋은 성적을 위해서가 아니라, 자기 삶의 태도를 만드는 과정으로 봐야 한다.

끙끙거리며 결국 문제를 풀어냈을 때 느낀 '뿌듯함'과 문제집 답지를 몰래 확인하고 대충 넘어간 '찝찝함'은 시간이 지나도 사라지지 않는다. 이런 경험들은 시험 점수보다 오래도록 남아 '내가 나 자신에게 얼마나 성실했는가'라는 솔직한 평가로 돌아온다. 즉, 시험 결과보다 중요한 것은 바로 내가 어떤 선택으로 나를 만들었는가다.

자기주도적인 삶은 세상의 기준을 따르기보다 '나'를 지키는 태도에서 시작된다. 나를 속이지 않는 정직함과 어제보다 나아지려는 노력, 이 모든 순간의 선택이 아이에게 가장 든든한 방패이자 강력한 무기가 된다. 내면에 '나는 나를 믿는다'는 확신이 뿌리내릴 때 아이는 세상이 정한 길이 아니라 스스로 설계한 길 위를 당당히 걸어가는 어른으로 성장할 것이다.

자존감 연계도서

《너도 하늘말나리야》 이금이 저

《리얼 마래》 황지영 저

《5번 레인》 은소홀 저

《가방 들어주는 아이》 고정욱 저

《아몬드》 손원평 저

《토요일의 심리클럽》 김서윤 저

08

꿈은 '직업'이 아닌 '삶의 장면'으로 그리게 하라

아이에게 "너의 꿈은 뭐니?"라고 물으면, 흔히 "잘 모르겠어요", "그냥 행복하게 살고 싶어요" 또는 "건물주요"와 같은 반응이 돌아온다. 이런 답을 들으면 부모는 답답하고, 스스로 밥벌이를 할 수 있을지 불안해지기 쉽다.

하지만 아이가 꿈을 말로 표현하지 못한다고 해서 실제로 꿈이 없는 것은 아니다. 어떤 아이는 '저런 일을 하면 멋있겠다'는 생각에 그치고, 어떤 아이는 마음속에 품고 있는 꿈이 있어도 자신이 없어 장난처럼 말해버리기도 한다. 꿈을 구체적으로 정리해 보거나, 머릿속에 막연히 떠올린 것을 말로 꺼내 표현해본 경험이 많지 않아서다.

그래서 아이에게 필요한 것은 단순히 "너의 꿈은 뭐니?"라고 묻는 추상적인 질문이 아니라, 꿈을 하나씩 구체적인 형태로 꺼내도록 도와주는 연습이다. 말로 적어도 좋고, 그림으로 표현해도 좋다. 중요한 것은 머릿속에만 맴돌던 생각을 밖으로 꺼내는 것이다. 생각이 머릿속에만 있을 때는 흐릿하지만, 밖으로 표현되는 순간부터 꿈은 모습을 갖추고 방향을 만들어간다.

여기서 가장 주의할 점은 아이의 꿈을 '직업 이름'으로만 정하지 말고 '삶의 장면'으로 그려보도록 하는 것이다. 지금은 3년, 5년 후 어떤 직업이 새로 생기고 어떤 직업이 사라질지 아무도 예측할 수 없는 시대다. 과거에는 존재하지 않았던 직업이 수없이 생기고 자리를 잡았듯이 지금 당장 '무엇이 될 것인지'를 먼저 정하는 것은 오히려 아이의 상상력을 제한하는 구시대적인 접근이 될 수 있다.

예를 들어 스마트폰이 등장하기 전에는 '앱 개발자'라는 직업 자체가 없었고, 유튜버나 SNS 마케터 역시 상상하기 어려웠다. 최근에는 생성형 AI의 확산으로 '데이터 사이언티스트' 같은 새로운 직업도 생겨났다. 이처럼 세상의 변화 속도는 매우 빠르고, 직업의 형태는 끊임없이 달라지고 있다.

그래서 아이가 꿈을 말할 때 "나는 선생님이 될래요"라고 말하는 것에 그치지 않고, 내가 어떤 삶의 장면을 만들어가고 싶은지를 그려보게 해야 한다. 예를 들어 지금 영어 수업이 지루하게 진행된다고 느낀다면, 아이는 어른이 되어 학생들이 어려워하는 영어 개념을 재미있는 그림을 활용해 설명하고, 학생들이 눈을 반짝이며 수업을 듣는 장면을 상상할 수 있다. 이어서 "나는 초등학생들이 내 영어 수업만큼은 기다려지도록 그림이나 놀이를 통해 알려주는 선생님이 되고 싶어요"라고 구체적으로 표현하는 식이다.

이처럼 '직업 이름'이 아니라 '삶의 구체적인 장면'으로 꿈을 표현하는 것은 오늘의 행동과 연결된 살아 있는 계획이 된다. 먼저 방향이 정해져야 목표가 자연스럽게 따라오는 것이다.

꿈을 구체적인 장면으로 그려보는 접근은 덴마크의 교육에서도 찾아볼 수 있다. 덴마크 교육의 핵심 철학은 다넬세(Dannelses)이다. 직역하면 '형성, 교양, 성숙'이지만, 실제로는 '나는 누구이며, 사회에서 어떤 인간으로 성장할 것인가?'를 스스로 탐색하고, 공동체의 일원으로서 성숙해가는 과정을 의미한다. 단순히 지식을 전달하는 것이 아니라, 자아(Identity), 공동체 의식, 민주시민 의식을 키우는 데 초점을 둔다. 이 교육에서는 아이들에게 목표를 세우게 하기 전에 먼저 이렇게 묻는다.

"나는 어떤 사람인가?"

"세상에 어떤 기여를 할 것인가?"

직업이나 성취를 묻기 전에 자신의 정체성과 삶의 방향부터 탐색하는 질문을 던지는 것이다. 나는 어떤 사람인지, 무엇을 좋아하고 싫어하는지, 어떤 상황에서 힘이 나고 지치는지를 들여다보는 것이 출발점이다. 그리고 내가 가진 재능과 배움의 욕구 중 무엇으로 세상에 기여하고, 사람들에게 도움이 되고 싶은지를 구체적으로 그려보게 한다.

이렇게 방향이 정해지면, 그때부터 비로소 구체적인 목표 설정이 가능해진다. '무엇이 되고 싶다'가 아니라 '어떤 사람이 되어 어떤 기여를 하고 싶은가'에서 시작하면, 그 길을 위해 지금부터 무엇을 준비해야 할지가 분명해진다. 방향이 없는 목표는 쉽게 흩어지고 아이를 지치게 하지만, 방향이 먼저 정해지면 목표는 자연스럽게 따라오고, 아이 스스로 나아갈 힘이 생긴다.

꿈을 말로 구체화하는 것은 곧 자기주도적인 삶을 훈련하는 핵심 과정이다. 구체적인 꿈을 그릴 줄 아는 아이는 스스로 삶의 설계도를 그려 나간다. 예를 들어 "나는 세계를 여행하며 글을 쓰고 싶어"라고 말한다면, 그 안에는 이미 '언어 능력, 다양한 문화 경험, 글쓰기 실력' 등 꿈을 이루기 위한 구체적인 학습 역량이 담겨 있다.

아이가 꿈을 입 밖에 내뱉는 순간부터 공부의 의미도 달라진다. 영어 공부는 단순히 성적을 위한 도구가 아니라 꿈을 이루기 위한 준비가 되고, 역사 공부도 시험을 위한 암기가 아니라 세계를 이해하기 위한 토대가 된다. 이렇게 꿈을 말하기 시작하면, 공부는 목적 없는 의무에서 목표와 연결된 여정으로 바뀐다.

머릿속에서만 맴돌던 생각을 말로 꺼내는 순간 행동으로 옮기기 훨씬 쉬워진다. 이 과정에서 '하고 싶은 것'을 찾지 못한 아이들에게는 '싫어하는 것'을 지워가는 방식도 유용하다. 하루를 돌아보며 나를 지치게 한 일과 나를 살리는 일을 각각 하나씩 적게 한다. 피하고 싶은 조건을 지우고, 남는 것들이 곧 아이가 추구할 방향이 된다. 하고 싶은 일이 명확하지 않을 때는 하지 않을 것을 분명히 하는 것만으로도 길이 열릴 수 있다.

꿈이 현실이 되기 위해서는

미래를 고민할 때 '잘하는 일'과 '좋아하는 일' 중 무엇을 선택해야 할까? MC이자 사업가인 노홍철은 '잘하는 일'보다 '좋아하는 일'을 먼저 찾아야 한다고 말한다. 잘하는 일은 남에게 인정받을 수 있지만, 좋아하는 일은 그 자체로 힘든 순간을 버티게 해주는 내적 동력이 되기 때문이다. 그는 다른 사람들의 눈에는 무모해 보일지라도 자신이 진정으로 즐길 수 있는 세계로 과감히 뛰어들었다. 그리고 이 선택은 그의 삶을 지탱하는 원동력과 행복이 되었다.

반면, 수학 강사 정승제는 "좋아하는 것과 잘하는 것은 반드시 구분해야 한다"고 강조한다. 좋아하는 것이 곧 재능으로 이어지지는 않는다는 것이다. 노래 부르기를 좋아해도 음색이나 박자 감각 같은 재능이 받쳐주지 않으면 한계가 생기고, 반대로 수학이 재미없어도 빠르고 정확하게 문제를 푼다면 그것은 잘하는 것에 속하기 때문이다. 그래서 중요한 것은 좋아하는 것과 잘하는 것 둘 중 하나만 선택하는 것이 아니라, 이 둘 사이의 교차점을 찾아내는 일이다. 거기서 아이의 길이 만들어진다.

아이들이 간과하기 쉬운 사실은 좋아하는 일을 하기 위해서는 반드시 하기 싫은 과정도 함께 감당해야 한다는 점이다. 이때는 억지로 참고 견디는 대신, 그 과정을 '내가 원하는 목표로 가는 길'로 받아들이는 태도가 필요하다. 단순히 '참는다'는 마음으로는 오래가기 어렵기 때문이다. 그래서 지금 하는 일 속에 '의미와 가치를 스스로 부여하는 힘'이 필요하다.

현실을 살짝 맛보는 경험도 중요하다. 인터뷰나 강연을 통해 하고 싶은 일을 직업으로 삼은 사람을 만나 그들이 준비해 온 과정과 일상에 대해 직접 들어보는 것도 하나의 방법이다. 그리고 '내가 지금 당장 할 수 있는 한 가지'를 뽑아 오늘 실행하게 한다. 그렇게 작은 실천이 꿈을 현실로 조금씩 끌어당긴다.

마지막으로, '꿈-실행 노트'를 만들게 하자. 맨 앞장에는 '이 길이 나에게 의미 있는 이유'를 적고, 다음 장에는 꿈을 위해 이번 주에 실천할 일 3가지를 기록한다. 일주일 뒤에는 실행한 일과 하지 못 일로 나누고, 간단히 그 이유를 적는다. 이 노트는 꿈을 예쁘게 적어 두는 다이어리가 아니라, 말을 행동으로 바꾸는 생생한 실천 기록장이다.

결국 꿈을 말로 그리는 과정은 '자기 삶의 방향을 언어로 세우는 훈련'이다. 공부 역시 마찬가지다. 자기주도학습은 교과서를 붙잡고 오래 앉아 있는 힘이 아니라, '내가 왜 공부해야 하는지, 무엇을 위해 노력하는지'를 자기 언어로 설명할 수 있는 힘에서 시작된다. 꿈이 말이 되고, 말이 계획이 되며, 계획이 습관이 될 때 아이는 자기 삶을 이끌어갈 수 있는 진정한 주인이 된다.

꿈과 성장 연계도서

《열두 살 장래 희망》 박성우 글

《꿈을 요리하는 마법 카페》 김수영 저

《페인트》 이희영 저

《꽃들에게 희망을》 트리나 폴러스 저

《나의 문화유산 답사기》 유홍준 저

《이토록 공부가 재미있어지는 순간》 박성혁 저

5장

공부의 위기는 반드시 온다

01

입시에서 흔들리지 않는 아이들이 반드시 한 일

20년간 치열한 교육 현장에서 수많은 학생들의 흥망성쇠를 지켜보며 한 가지 진실을 깨달았다. 입시라는 거친 파도 속에서도 끝까지 무너지지 않고 성장하는 아이들에게는 분명 공통점이 있었다. 그들은 선행 진도가 가장 빠른 아이들이 아니었다. 바로 '시기에 맞는 경험'과 '건강한 실패'를 통해 단단하게 내공을 쌓은 아이들이었다.

훗날 고등학생이 되었을 때 '그때 이걸 해둘걸' 하며 후회하지 않도록 초등과 중등이라는 결정적 시기에 반드시 거쳐야 할 필수 관문들을 정리했다. 최소한 이것들만은 경험해야 한다고 정리한 내용이니 참고하길 바란다.

초등 시기

학습

독서와 귀 열어주기

한글책이든 영어책이든 초등 시기에 활자와 친해지는 것은 어떤 선행 학습보다 중요하다. 책을 읽는 것은 타인의 생각을 받아들이는 훈련이자, 새로운 세계를 상상하는 능력을 기르는 과정이다. 이 시기에 하는 독서는 중고등학교 모든 과목을 이해하는 데 기반이 된다.

영어 역시 충분한 인풋이 있어야 아웃풋이 따라오기 때문에 다양한 매체를 통해 귀를 열어주는 것이 우선이다. 귀가 뚫린 후에는 화상영어나 원어민 수업을 진행하기보다는 영어 원서를 이용해 자연스럽게 단어와 문맥을 익히고, 문화까지 함께 접하게 하는 것이 효율적이다.

사칙연산 끝장내기

연산이 수학의 전부는 아니지만, 분수와 소수 등이 포함된 사칙연산을 막힘없이 풀 수 있는 능력은 필수다. 이를 위해 수를 능숙하게 다루는 충분한 훈련이 필요하며, 반복 학습을 통해 체화하는 것이 중요하다.

도형 개념은 확실히

단순 암기가 아니라, 도형의 기초 개념(면, 선, 각, 부피, 넓이 등)을 정확하게 이해하는 훈련이 필요하다. 연산을 잘하면 수학을 잘한다고 착각할 수 있지만, 실제로는 공간 지각 능력이 수학 실력을 좌우한다. 연산 연습만 하면 매 학년 1학기(대수 단원)는 수월해도, 2학기(기하 단원)에는 어려움을 겪을 수 있다.

수학식 세우기

단순히 답을 구하는 것보다 식을 세우고 논리적으로 풀어가는 연습이 필요하다. 이는 서술형 문제의 핵심이자, 사고력을 요구하는 문제를 해결하는 데 기본이 된다.

한국사 가볍게 훑고, 한자 공부하기

한국사를 이 시기에 완벽히 끝낼 필요는 없다. 단지 역사의 흐름과 인물에 친숙해지는 정도로 가볍게 훑는 정도면 충분하다. 한자 공부는 어휘력을 폭발적으로 늘려주는 비밀 병기다. 모든 학문의 용어가 한자 기반이므로, 꾸준히 공부하면 중학교 국어, 사회, 과학 학습이 훨씬 수월해진다.

정서 및 사회성

감정 조절 능력

모든 인간관계와 학습의 출발점은 감정 조절 능력이다. 질투, 분노, 좌절을 말로 표현하고 스스로 다스리는 법을 배우지 못하면, 학년이 올라갈수록 아이가 겪는 스트레스의 강도는 감당하기 어려운 수준으로 커진다.

질문할 수 있는 용기

세상에 바보 같은 질문은 없다. 모르는 것을 모른다고 말할 수 있는 용기를 심어주어야 한다. 공부를 하면서 질문이 없다는 것은 공부를 하지 않았거나, 완벽하다는 것 둘 중 하나이다. 질문이 학습의 시작이라는 점을 알려주자.

대인관계 연습

학교 생활은 세상이 '나'를 중심으로만 돌아가지 않는다는 것을 배우는 과정이다. 서로 다른 의견을 조율하고, 친구와 다투고 화해하며 '나와 다른 사람'과 함께 살아가는 법, 즉 사회성을 연습하는 것은 학교를 다니는 중요한 이유 중 하나다.

중등 시기

중학교는 실수를 해도 괜찮은 '연습 경기장'이다. 진짜 승부처인 고등학교에 가기 전에 치명적인 실수를 미리 경험하며 '이러면 절대 안 된다'는 강렬한 깨달음을 얻어야 한다. 중요한 것은 부모가 알려주는 것이 아니라 아이 스스로 깨달아야 한다는 점이다.

1번 문제 틀리기

어려운 킬러 문항은 야무지게 다 맞아놓고, 너무 쉬워서 가볍게 생각한 1번 문제를 실수로 틀려보는 경험! 억울함에 아이는 망연자실할 수도 있다. 이 경험을 통해 쉬운 문제라도 대충 넘어가지 않으려 할 것이고, 검토할 때도 허투로 하지 않게 된다.

시간 내 문제 못 풀기

중학교 시험에서 문제를 풀 시간이 부족했다는 것은 사실 공부량이 부족했을 가능성이 높다. 하지만 '아는 문제인데 시간이 모자라서 못 풀었다'는 뼈아픈 경험을 해봐야 정확성만큼 속도가 중요하다는 것을 깨닫는다. 문제를 정확히 이해했고, 문제를 많이 풀었다면 속도는 따라온다.

기한 내에 수행평가 하지 못하기

수행평가는 선생님과의 '약속'이다. 학년이 올라갈수록 과목 수가 늘고, 제출 기한과 조건이 모두 다른 수행평가를 미처 제출하지 못하게 될 때 계획표가 내 머리를 대신하는 메모장이라는 사실을 깨닫게 된다. 이 경험을 해보면 스스로 다이어리를 펴고 메모하는 습관을 들이게 된다.

시험 기간에 아프기

몸이 아픈 것은 어쩔 수 없는 상황이 맞다. 하지만 아파서 시험을 망치는 경험은 아이에게 '내 몸 관리는 내가 해야 한다'는 점을 체감하게 한다. 그러면 최소한 여름에는 에어컨 바람이 닿지 않게 얇은 겉옷을 챙기고, 겨울에는 목도리를 두르거나 비타민을 챙겨 먹는 등 자기 돌봄의 중요성을 깨닫고 실천하게 된다.

필기 때문에 고생하기

온갖 잡다한 내용을 무작정 필기해보는 경험이 필요하다. 비효율적인 과정을 통해 필기는 내가 이해한 것을 내 언어로 압축하는 과정이라는 사실을 깨닫는다. 백지 노트에 요점만 적기 위해서는 내용을 제대로 이해하고 암기하는 과정이 선행되어야 한다는 사실도 알게 된다. 그래서 노트 정리는 점점 길어지는 것이 아니라, 핵심만 남기는 방향으로 바뀌어 간다.

반대로 노트 필기를 하지 않아 중요한 내용을 문제집이나 교과서에서 찾는데 시간을 쓰거나, 시험에서 틀리는 경험 역시 반드시 필요하다. 이런 시행착오를 통해 제대로 된 필기 습관이 자리 잡는다.

개념만 이해하고 문제는 안 풀기

"100점을 맞으려면 1000문제를 풀어야 한다"는 유명 학원 강사의 말이 있다. 양만 늘린다고 좋은 게 아니지만, 턱없이 부족한 양의 문제만 풀고 좋은 점수를 기대했다가 실망하는 경험도 필요하다. 이 과정을 통해 어떤 과목은 '양치기'가 중요하고, 또 어떤 과목은 '개념 암기'가 핵심이라는 기준을 스스로 세우게 된다.

이 모든 경험이 약이 되려면 단 하나의 절대 전제 조건이 있다. 바로 아이 스스로 '아차!' 하고 깨닫는 순간이 있어야 한다는 것이다. 예를 들어 시험에서 1번 문제를 실수로 틀렸을 때 아이가 "아, 실수였어" 하며 해맑게 웃고 넘어갈 수 있다. 이때 부모는 '그래, 책에서 본 대로 좋은 경험했구나. 우리 아이가 성장하고 있네!' 하고 안도해서는 안 된다. 진짜 성장은 아이가 성적표를 받아들고 속상해하면서 더 열심히 할 걸 하는 후회가 밀려올 때 시작된다.

아이에게 '내가 왜 이걸 틀렸지?', '시간 배분을 왜 이렇게 했을까?' 하는 뼈아픈 자각과 오기가 생겨야 한다. 그 억울함이 에너지가 되어야 비로소 다음 시험을 위한 계획표를 스스로 짜고, 시키지 않아도 펜을 든다.

중등 시절의 이런 경험은 고등학교라는 실전 무대에 오르기 전 맞아야 할 예방주사와 같다. 주사를 맞을 때 따끔하고 아파야 항체가 생기듯, 아프지 않은 실패는 그저 스쳐가는 바람일 뿐이다.

결국 공부는 아이가 마음을 먹어야 하고, 의지가 있어야 하며, 펜을 들어야 이길 수 있는 싸움이다. 부모의 역할은 그 펜을 대신 쥐어주는 것이 아니라, 아이가 스스로 펜을 잡고 싶게 만드는 '계기'를 허락해주는 것임을 기억해야 한다.

02

아이가 학원에 가기 싫어할 때 살펴야 할 7가지

고학년이 되어 학원에 처음 가는 아이의 경우 반감이 없어 오히려 처음부터 잘 적응할 수도 있고, 반대로 학원에 다니는 친구들의 푸념을 듣고 새로운 상황에 부담을 느낄 수도 있다.

그런데 아이가 평소 잘 다니던 학원을 갑자기 그만두겠다고 하는 경우가 있다. 대부분의 부모는 일단 학원에 가라고 아이를 밀어붙이거나, 학원에 보내기 위한 자신의 희생을 강조하기도 한다. 하지만 이때 반드시 살펴야 할 것이 있다. 아이가 "학원에 가기 싫다"라고 말할 때는 무언가 힘들거나 맞지 않는 부분이 있다는 신호다. 부모는 먼저 이 신호를 세심하게 읽어주는 것이 필요하다. 다음 체크리스트를 점검하고 학원에 가기 싫은 이유가 정확히 무엇인지 아이와 대화를 나누어보자.

☑ 수업 내용이 아이의 수준과 맞는가?

가장 먼저 확인해야 할 것은 수업 내용이 아이의 수준과 맞는가이다. 수업 내용이 너무 쉬워서 지루함을 느끼거나, 반대로 너무 어려워 따라가지 못하고 좌절감을 느끼는 경우 모두 의욕이 꺾일 수 있다. 아이가 수업을 제대로 이해하고 따라가고 있는지 객관적으로 체크해보자.

☑ 선생님과의 관계나 수업 분위기는 어떠한가?

수업 내용만큼 중요한 것이 사람과의 관계이다. 선생님이 아이에게 너무 날카롭게 대하거나 무시하는 말투는 아닌지, 혹은 모르는 것을 질문하기 어려운 분위기는 아닌지 살펴봐야 한다. 또한 공부 잘하는 친구만 편애하지 않는지, 심지어 선생님의 사소한 습관(담배 냄새 등)이 심리적으로 불편함을 주지는 않는지 등 아이의 정서적 안정감을 해치는 요소가 있는지 확인해보자.

☑ 아이의 기질과 학습 방식이 맞는가?

아이의 기질에 맞는 학습 방식인지도 중요한 점검 포인트다. 예를 들어 시각적 자극에 잘 반응하는 아이에게 말로만 진행되는 강의식 수업은 집중이 어렵거나 내용이 잘 정리되지 않을 수 있다. 반대로 활동적인 아이에게 단순 판서 위주의 수업은 지루하고 힘들 수 있다. 따라서 아이의 학습 유형과 학원의 수업 방식이 얼마나 잘 맞는지 꼼꼼히 점검하는 것이 필요하다.

☑ 학원 학습의 목적이 아이에게 의미가 있는가?

학원에 다니는 목적이 명확한지, 의미 있는 일인지 확인한다. '남들 다 하니까', '성적을 올려야 하니까'와 같은 외적 이유는 일시적인 동기밖에 되지 못한다. 아이가 이 학원을 다녀야만 하는 이유를 스스로 납득할 때 비로소 주도적으로 학원을 활용할 수 있다.

☑ 거부의 의도가 '회피'인가 '전환'인가?

아이가 학원을 그만두고 싶은 이유가 단순한 피로나 부담에서 비롯된 '회피'인지, 아니면 더 나은 학습 방법을 찾기 위한 '전환'인지 구별할 필요가 있다. 예를 들어 선생님이 무섭다거나, 숙제의 양이 과도하다거나, 수업 시간이 너무 늦다는 등의 구체적인 이유를 들며 다른 방식을 시도하려 한다면, 이는 더 나은 학습 경로를 찾으려는 '전환' 신호로 볼 수 있다.

☑ 학원을 그만두었을 때 대안이 있는가?

학원을 그만두었을 때 학습 공백은 어떻게 할 것인지 생각한다. 학원을 대신할 자율학습 습관, 학습 공간, 온라인 콘텐츠 활용 등 아이가 흐트러지지 않고 스스로 학습할 수 있는 환경이 준비되어 있다면, 굳이 학원에만 의존할 필요가 없다. 자기주도학습을 위한 환경적 뒷받침이 가능한지가 핵심이다.

☑ 아이의 누적된 피로나 번아웃은 아닌가?

모든 원인을 제쳐두고, 많은 학습량 때문에 지쳐 번아웃이 올 수 있다. 일찍부터 과도하게 달리면서 아이의 뇌와 신체 에너지가 고갈된 상태다. 성인도 오랜 시간 앉아 공부하는 것이 쉽지 않다는 점을 기억해야 한다. '지금까지 해온 게 아깝다'는 생각으로 아이를 계속 몰아붙인다면 아이는 심리적으로 무너질 수 있다. 번아웃이 의심된다면, 무엇보다 아이가 충분히 쉴 수 있도록 하는 것이 최우선이다.

결국 중요한 것은 아이가 학원을 거부할 때 단순히 '반항'으로 치부하지 않고, 그 속에 담긴 신호를 세심하게 읽는 것이다. 수업, 선생님, 학습 방식, 아이의 기질과 마음 상태 등 다양한 요소를 점검하면서 대화를 나누면, 아이 스스로 다시 공부하고 싶은 마음을 가질 수 있다. 무엇보다 아이의 정서적 안정과 충분한 휴식이 먼저라는 점을 잊지 말자. 부모의 이해와 지지가 아이의 학습과 성장에 가장 큰 힘이 된다.

03

어떤 아이가 특목고에 가야 할까?

"선생님, 우리 아이도 특목고에 보낼 수 있을까요?"

성적이 어느 정도 나오는 아이를 둔 부모라면, 아이의 의지와 상관없이 자주 하는 질문 중 하나다. 요즘 아무리 시대가 바뀌었다고 해도 이 질문은 변함이 없다. 좋은 환경에서 더 나은 기회를 잡게 해주고 싶은 마음은 모든 부모가 공통적으로 가지고 있다. 실제로 많은 부모가 특목고 진학을 위해 관련 정보를 찾고, 이사 계획을 세우기도 한다. 그만큼 특목고는 여전히 하나의 '상징'처럼 여겨진다.

하지만 수많은 아이들을 지켜본 결과, 특목고에 보내도 되는지는 단순히 성적만으로 판단할 수 없으며 아이의 성향, 친구 관계, 학습 태도까지 종합적으로 살펴야 한다.

1. 아이 스스로 '가고 싶은 마음'이 있어야 한다.

부모의 추진력만으로는 특목고 생활을 버티기 어렵다. 특목고는 중학교와 달리 시간을 스스로 관리해야 하는 고강도 일정이 이어진다. 수업, 수행평가, 동아리 활동, 내신 준비, 모의고사 준비가 쉴 새 없이 돌아가는 환경이기 때문에 아이 스스로 '이 학교에 가고 싶다'는 마음이 없으면 오래 버티기 힘들다. 실제로 부모의 권유로 입학했다가 1년을 채우지 못하고 일반고로 전학하는 친구들도 많다.

특히 영재고나 과학고 같은 학교는 아이가 가고 싶은 명확한 목적과 이유가 필요하다. 이곳은 '만들어진 아이'가 들어가서 버티기 어려운 곳이기 때문이다. 단순히 부모의 기대나 학원의 시스템만으로는 3년의 여정을 감당할 수 없다. 그렇기 때문에 이 여정은 반드시 아이의 마음에서 시작되어야 한다.

2. 성적이 떨어졌을 때 마음을 붙잡을 수 있어야 한다.

중학교 시절 늘 상위권이던 학생도 특목고에 진학하면 10등, 20등 뒤로 밀려나는 정도가 아니라 훨씬 낮은 성적을 받을 수 있다. 평생 받아보지 못한 점수를 경험하며 멘탈이 흔들릴 가능성도 있다.

이때 멘탈이 쉽게 무너지는 아이라면 진학을 다시 고민해볼 필요가 있다. 특목고는 뛰어난 아이들이 모인 학교이므로 결과를 겸허히 받아들이고 '다시 올라가면 된다'는 생각을 할 수 있는 회복탄력성이 중요하다. 그래서 성적이 떨어질 때마다 크게 좌절하거나 남 탓을 하는 아이는 버티기 어렵다. 결국 특목고에서의 성장은 단순한 실력보다 멘탈의 내구성이 더 중요하다.

3. 자기주도학습이 가능해야 한다.

특목고에서는 학원 의존도가 높을수록 오히려 흔들리는 경우가 많다. 누군가 시켜서 하거나 학원 시간표에 따라 공부하는 방식으로는 긴 여정을 감당하기 어렵다. 학원에서는 맡은 과목의 성적을 올리는 데 집중하다 보니 과제량이 과도해지는 경우가 많다. 그러다 보면 아이는 스스로 공부할 기회가 없어지고, 학원 숙제를 끝내는 것에만 시간을 쏟는 상황에 놓이기 쉽다.

아이 스스로 공부를 이끌어갈 수 있는 능력은 특목고 생활에서 매우 중요하다. 스스로 계획을 세우고, 모르는 내용은 질문하거나 자료를 찾아 해결하는 학습 태도가 기본이 되어야 한다. 그래서 혼자 공부하는 것을 힘들어하거나, 자신이 무엇을 잘하고 못하는지조차 모르는 상태에서 특목고를 무리하게 추진하는 것은 위험하다. 이처럼 메타인지가 부족한 상황에서 특목고에 진학하면 부모와 아이 모두에게 큰 부담이 될 수 있다.

4. 친구 관계와 기숙사 생활이 중요한 변수다.

특목고는 대부분 기숙사 생활을 하기 때문에 단순히 공부만 잘한다고 해서 잘 지낼 수 있는 곳이 아니다. 함께 생활하는 친구들과의 관계가 학습 집중력과 생활 안정에 직접적인 영향을 미친다.

중학교 시절 친구들과 자주 다투거나, 사소한 갈등에도 관계를 쉽게 끊어버리는 아이들은 새로운 환경에서도 비슷한 어려움을 겪기 쉽다. 친구 관계가 불안정하면 공부에 몰입하기 어렵고, 이는 생활 전반의 문제로 이어질 수 있다. 따라서 특목고에서는 타인과 함께 지내며 배려하고 조율하는 사회적 성숙도도 중요한 조건이 된다.

5. 변화하는 입시에 귀 기울여보자.

2028년에 변화되는 교육과정에서는 문·이과 통합 시스템이 도입되고, 내신도 9등급에서 5등급제로 바뀐다. 이로 인해 내신만으로 누가 더 잘하는지를 구분하기가 어려워졌다. 1등급이 상위 10%까지 포함되기 때문에 그 안에서 누가 더 잘하는지를 찾기 힘들다. 그 결과, 비교과 활동(동아리, 프로젝트, 독서, 교과 세부능력 등)까지 함께 평가하는 학생부종합전형의 비중이 더 커지면서 '학생부 종합전형 준비에 유리한 학교'가 더 좋은 학교처럼 보이는 현상이 생겼다.

매년 학교마다 발표되는 정책을 보면 수시나 정시에서 학생을 선발하는 기준이 계속 달라지는데, 최근 서울대를 포함한 몇몇 학교에서 수시에서는 수능 최저 점수를 맞추지 않아도 된다는 얘기가 나오면서 8학군이나 특목고를 선택해야 할 이유가 줄어들었다.

일반고에서도 아이가 잘하면 되는 환경이 된 것이다. 결국 집과 가까우면서, 아이가 1등급을 받을 수 있는 학교가 가장 좋은 학교가 되었다. 물론 이러한 흐름도 앞으로 또 바뀔 수 있기 때문에 변화하는 입시에 꾸준히 촉각을 세우는 것이 필요하다.

여기서 부모의 역할은 엄마의 목표대로 아이를 밀어붙이는 것이 아니라 아이의 의지와 기질을 세심하게 관찰하는 것이다. 경쟁을 즐기는 아이도 있지만, 경쟁을 부담스러워하는 아이도 있다. 그런데 부모의 기대만으로 아이의 기질을 고려하지 않고 진학을 결정한다면, 그 안에서 3년을 보내야 하는 아이는 큰 어려움을 겪을 수 있다.

부모가 할 일은 아이의 길을 대신 정해주는 것이 아니다. 아이가 공부를 주도적으로 할 수 있는지, 경쟁을 게임처럼 받아들이는 성향이 있는지 살펴보는 것이다. 이러한 기질을 가진 아이라면 특목고에서 잘 적응하며 성장할 가능성이 크다.

04

실패를 두려워하지 않는 아이로 키우는 부모의 말

아이에게 실수할 자유가 없다면, 그건 이미 아이답게 자랄 수 있는 환경이 아니다. 아이들은 하루에도 '책을 읽을지 유튜브를 볼지, 수학 숙제를 먼저 할지 국어 숙제를 먼저 할지, 공부를 하다가 힘들 때 잠을 잘지 다시 시작할지' 수십 번 선택을 하고, 그 안에서 세상을 배운다. 부모가 보기에는 사소하고 때론 답답한 선택처럼 보이지만, 아이는 그 과정을 통해 자기만의 판단 근육을 기르고 있다. 넘어지면서 균형을 배우고, 길을 잃으면서 방향 감각을 익힌다.

하지만 많은 부모는 아이의 실패를 두려워한다. 아이가 다칠까 걱정되어 미리 장애물을 치워준다. 실패하지 않도록 계획을 대신 세워주고, 더 잘하는 방법까지 대신 찾아준다. 아이를 위하는 마음이지만, 보호가 지나치면 아이는 자신의 삶을 직접 살아낼 힘을 잃게 된다.

실패 경험이 없어 실수하는 것이 두려운 아이는 새로운 시도를 주저한다. 틀릴까 봐 말문을 닫고, 혼날까 봐 모른 척 넘어가며, 결국 남이 만들어준 틀 안에서만 머물게 된다. 좋은 성적을 받아도 기쁘지 않고 실패하면 쉽게 주저앉는다. 그 과정에 자신의 선택이 없었기 때문이다.

부모에게 주도권을 빼앗긴 아이는 부모가 만든 답안지 안에서만 움직인다. 그 결과 자신이 무엇을 좋아하는지, 어떤 길을 원하는지도 모른 채 성장한다. 누군가의 지시대로 움직였기 때문에 멈췄을 때 스스로 다시 시작할 힘도 이유도 없다.

하지만 기억해야 한다. 부모의 불안함 때문에 아이의 주도권을 앗아간다면, 아이는 인생이라는 무대에서 관객으로 전락한다. 반면, 주도권을 가진 아이는 실수 속에서도 교훈을 얻고, 실패 속에서 점점 자기 삶의 주인이 되어간다.

아이에게 주도권을 준다는 것은 단순히 "네가 하고 싶은 대로 해"라고 말하는 것이 아니다. 선택에는 책임이 따른다는 것을 알려주는 일이다. 아이가 스스로 공부 시간을 정했다면 결정한 일의 결과를 끝까지 경험하게 하고, 그 경험을 통해 기준을 세울 수 있도록 허락하는 것이다.

초등 시기라면 더욱 마음 놓고 실수할 수 있게 하자. 이 시기에는 '잘하는 법'을 찾기보다 내가 스스로 했을 때 어떤 변화가 일어나는지 경험하는 것이 훨씬 더 큰 배움이 된다.

물론 중학생이 되면 이야기는 조금 달라진다. 아직은 어린 나이지만, 슬슬 내가 선택한 공부가 어떤 결과를 만드는지를 겪어봐야 하는 시기다. 특목고를 목표로 하는 것이 아니라면, 중등 시절의 시행착오는 오히려 필수다. 이 시기에 겪는 소소한 실패들은 아이가 고등학교에서 제대로 자기주도력을 발휘할 수 있는 가장 중요한 밑거름이 된다.

그리고 부모가 꼭 기억해야 할 사실이 있다. 고등 때의 공부도 늦지 않다는 것이다. 인생을 길게 보면, 18세는 시작이라고 부르기에도 이르다. 지금까지는 누군가가 대신해 주었더라도, 어느 순간부터는 아이 스스로 계획을 세우고 조정하며 자신의 인생을 살아가야 하는 때가 반드시 온다. 다만 그 시기가 빠르면 빠를수록 아이는 더 단단해진다.

어릴 때일수록 실패의 비용이 적게 들고, 시행착오가 남기는 긍정적 경험은 오래도록 힘이 된다. 부모가 할 일은 아이가 너무 늦지 않게 자기 인생의 주인이 되도록 이끌어주는 것이다.

상담 중 자주 듣는 아이들의 속마음이 있다.

"엄마 눈빛이 뾰족해질 때가 있어요."

"제가 답을 잘못 쓰면, 엄마는 틀렸다고 말하기 전에 지우개로 답을 막 지워요."

"저는 진짜 몰라서 틀린 건데, 엄마는 왜 아는 건데 틀렸냐고 혼내요."

부모 입장에서는 별일 아닌 것처럼 보일 수 있지만, 대부분의 아이들은 이런 말을 꺼내기까지 상당한 시간이 걸린다. 실제로는 더 큰 상처를 마음속에 담고 있는 경우도 많다.

그래서 아이가 실수했을 때 부모가 가장 조심해야 할 말이 있다. "그것 봐, 내가 그럴 줄 알았어"라는 말은 아이에게 실수를 기다리고 있었다는 신호처럼 들릴 수 있다. 이것은 무엇이든 엄마 앞에서 다시는 시도하지 않게 하는 가장 빠른 길이 된다.

이때 필요한 말은 "이거 안 해봤으면 이런 일이 있는 줄도 몰랐을 거야. 해봐서 알게 됐네!"와 같은 긍정의 언어다. 이런 말은 '실패도 선택의 일부이며, 그 안에서 배우는 것이 가치 있는 일'이라는 인식을 심어준다.

결과가 좋을 때만 칭찬하고, 결과가 나쁠 때 비난을 하거나 실망을 드러낸다면, 아이는 '나는 성적으로만 평가받는 존재'라는 신호를 받게 된다. 부모의 이런 태도가 반복되면 아이는 자신을 점점 결과 중심으로만 평가하게 되고, 결국 '실패 = 존재 부정'이라는 위험한 등식을 마음에 새기게 된다. 특히 내향적이고 완벽을 중시하는 아이일수록 실수에 훨씬 더 민감하다. 이런 아이일수록 부모가 먼저 실패를 너그럽게 받아들이는 모습을 보여주는 것이 중요하다.

아이의 선택으로 나온 결과가 기대에 미치지 못했을 때, 부모가 던지는 말 한마디가 아이의 도전 의지를 다시 살릴 수도 꺾을 수도 있다.

"그러니까 처음부터 엄마 말을 들었으면 좋았잖아." (×)

→ "해보니까 어땠어?" (○)

→ "다음에는 어떤 방법으로 해볼까?" (○)

이처럼 부모의 말이 질문으로 바뀌면 아이는 변명이 아니라 반성하고 스스로 생각해보게 된다.

넘어져도 다시 일어서는 아이로 키우려면

명문대에 진학했음에도 재수를 고민하거나 심리 상담센터를 찾는 학생들이 적지 않다. 그렇게 바라던 대학에 입학하면 모든 것이 끝일 줄 알았는데, 현실은 또 다른 경쟁의 시작이기 때문이다. 한 번도 미끄러진 적 없는 학생일수록 '1등이 아니면 안 된다'는 불안감과 불확실한 미래에 대한 압박감에 시달린다.

또 상위권의 대학일수록 전국에서 뛰어난 학생들이 다시 경쟁하는 환경이다 보니, 실패를 크게 경험해본 적이 없으면 좌절했을 때 다시 일어설 힘이 부족할 수밖에 없다. 어른들은 인생이 계획대로 되지 않을 수 있다는 것을 알지만, 이런 경험이 부족한 학생들은 어긋나면 절망하거나 멘탈이 무너지는 경우가 많다.

그렇다면 아이의 멘탈은 어떻게 키워주어야 할까? 먼저 아이의 성취 기준을 바꿔주는 것이다. 완벽하게 성공했을 때만 칭찬하면, 아이는 성공 외의 모든 것을 실패로 인식하게 된다. 따라서 시험 점수와 같은 결과보다는 아이가 세운 계획 대비 실행률을 주요 보상 기준으로 삼아야 한다.

두 번째 방법은 아이가 안전한 환경에서 '통제 불가능한 실패'를 경험하게 해서 좌절 내성을 기르는 것이다. 자신의 노력과는 무관하게 외부 요인 때문에 원하는 결과가 나오지 않을 수 있다. 예를 들어 조별 숙제를 열심히 했지만 다른 팀원 때문에 낮은 점수를 받거나, 날씨로 인해 중요한 야외 활동이 취소되는 경험 등이 이에 해당한다.

마지막으로, 멘탈이 무너진 아이들은 감정을 수습하기 어렵다. 이 경우에는 실패 직후 상황이 정말 좋지 않은 것인지 '데이터화'해 보는 습관을 길러주는 것이 도움이 된다. 과정 중에 자신이 '통제할 수 있는 요인'은 무엇이었는지, 그 요인을 개선하기 위해 당장 할 수 있는 구체적인 행동은 무엇인지 생각하도록 돕는 것이다.

온실 속 화초처럼 아이를 키우는 부모가 있다. 나는 아니라고 생각한다면, 작은 바람이나 빗줄기에 놀라 쓰러지는 아이를 보고도 다시 온실로 데려오지 않을 수 있는지를 한 번 생각해보면 좋겠다. 어느 부모가 마음이 쓰이지 않을 수 있겠는가. 그러나 아이에게는 세상의 쓴맛을 맛볼 용기가 필요하며, 그 과정을 통해 단단해지면 결국 부모에게 고마워하게 될 것이다.

걱정이 많은 부모 밑에서 자란 아이는 걱정을 배우고, 부모가 평온한 태도를 보여주면 아이도 그 평온함을 그대로 배운다. 결국 부모의 평정심은 아이 내면에 닻을 내리는 힘이 된다. 세상이 흔들려도 그 닻이 있으면 아이는 다시 중심을 잡을 수 있다. 성장이라는 이름의 씨앗은 실패를 품어주는 따뜻한 기다림 속에서 싹튼다.

05

보이지 않는 점수를 채워주자

우리는 아이에게 단순히 '더하기를 잘하는 기술'을 가르치는 데 그쳐서는 안 된다. 문제를 얼마나 잘 풀고 점수를 얼마나 올릴 수 있는가보다 더 중요한 건 '무엇을 더 할지', '어디에 비중을 더 둘지'를 판단하는 힘이다. '내가 왜 이 선택을 하는지', '이 경험이 내게 어떤 의미를 주는지'를 아는 능력은 아이가 삶의 방향을 잡는 기준이 된다. 그리고 그 기준의 뿌리가 바로 흔들리지 않는 자존감이다.

자존감이 높은 아이는 남이 평가하는 점수에 쉽게 흔들리지 않는다. 자기 안에 기준을 세우고, 그 기준에 따라 움직이며 세상을 마주한다. 결국 아이가 인생에서 쌓아가는 진짜 점수는 시험 성적이 아니라 자존감을 바탕으로 어떤 선택을 했는가다.

예를 들어 학원에 다니는 아이들이라면 한 번쯤은 '레벨 테스트'를 경험하게 된다. 점수에 따라 등수가 매겨지고, 교실이 바뀐다. 아이는 겉으로 괜찮은 척하지만 마음은 천천히 무너지고 있는 중일 수 있다. 이때 필요한 건 '괜찮아'라는 위로가 아니라, 그 상황에 대한 마음을 드러내어 이야기하는 용기다. 엄마가 먼저 외면하지 않고 아이와 마주 앉아 마음을 물어본 뒤, 엄마의 마음도 전하는 것이다.

"엄마는 네 점수가 엄마의 자존심이라고 생각하지 않아. 점수는 비싼 옷 같은 거야. 잠시 자신감이 생길 수는 있지만, 그 옷이 네가 어떤 사람인지를 설명해 주지는 못해.

엄마는 네가 지난번에 아픈 친구를 부축해서 보건실까지 데려갔던 예쁜 마음, 공부할 때 어려운 문제를 20분 넘게 포기하지 않고 붙들고 있던 그 끈기를 기억해. 그게 바로 너야. 레벨 테스트는 그저 네가 배우고 있는 과정을 보여주는 기록이니까 너무 기죽지 마. 괜찮아, 넌 이미 충분히 잘하고 있어."

이렇게 말을 해도 아이마다 받아들이는 방식은 다르다. 하지만 이 과정이 생략되면, 아이는 상처를 마음 깊숙이 눌러 담았다가 어느 순간 갑자기 터트린다. 상담 현장에서 그런 아이들을 매우 많이 본다. 성적보다 먼저 무너지는 건 늘 자존감이다.

부모는 성적을 관리하는 사람이 아니라, 아이의 마음을 회복시켜주는 '첫 번째 심리치료사'여야 한다. 점수가 아이의 가치를 결정하는 것이 아니라는 메시지를 같은 온도로 꾸준히 전해주는 것이 진짜 교육이다.

아이의 기질에 따라 자존감의 높이는 차이가 있다. 어떤 아이는 실수해도 '그럴 수 있지' 하며 앞으로 나아가지만, 또 어떤 아이는 사소한 실수에도 크게 자책한다.

구분	상태	특징
다혈 기질	자존감이 상대적으로 높다.	밝고 외향적이어서 실패해도 금방 회복한다. 기본적으로 '나는 괜찮은 사람'이라고 생각한다.
담즙 기질	자존감이 높지만 조건적이다.	자신감과 추진력이 강하다. 잘될 때는 자존감이 높아지지만, 실패에는 민감해 쉽게 떨어질 수 있다.
우울 기질	기본적으로 자기비판적이라 낮은 편이다.	신중하고 완벽주의적인 성향, 끊임없는 자기 점검으로 자존감이 낮아지기 쉽다.
점액 기질	자존감이 보통이거나 조금 낮은 편이다.	자신을 크게 드러내지 않고 과소평가한다. 나는 이 정도라며 선을 긋고 가능성을 낮게 잡는다.

기질별 자존감의 특징

그러나 기질이 어떻든 부모의 태도는 아이 자존감의 방향을 바꿀 수 있다. 아이가 걱정이 많은 기질이라고 하더라도 부모가 '평온함'이라는 단단한 마음의 뿌리가 되어주면 된다. 따뜻한 말 뒤에 부모의 불안을 숨기는 것이 아니라 "괜찮아, 다 잘될 거야"라는 말과 일치된 평온함을 보여준다면, 아이는 그 모습을 자연스럽게 삶의 모델로 배우게 된다.

기질은 손바닥 뒤집듯 쉽게 바뀌지 않는다. 하지만 부모가 자신과 아이의 기질을 이해하고, 그 기질을 다루는 태도가 달라질 때 아이는 자신의 약점을 극복하고 강점을 더 살릴 수 있다. 부모가 어떤 환경에서 자라왔는지도 의미가 있지만, 그보다 중요한 것은 '나는 어떤 부모가 되고 싶은가'를 스스로 묻고 그에 맞게 행동의 방향을 정하는 일이다. 아이가 앞으로 세상을 살아갈 때 어떤 태도로 어려움을 헤쳐나가길 바라는지 생각해 본다면 부모의 말과 행동은 달라질 수밖에 없다.

아이는 믿는 만큼 자란다

당장의 시험 점수를 올리기 위해 문제집을 푸는 것은 아이가 긴 인생을 걸어갈 때 필요한 '진짜 공부'가 아니다. 진짜 공부는 성적에 바로 드러나지 않지만, 사고의 폭을 넓히고 감정을 다루는 힘을 키우며 사람들과 관계 맺는 방식을 바꾸어준다.

부모는 보이지 않는 '아이의 강점'을 먼저 발견하는 사람이 되어야 한다. 세상의 기준보다 내가 내 가치를 어떻게 받아들이는가가 더 중요하다는 사실을 알려주는 것, 이것이 바로 아이의 강점을 키워주는 부모의 언어다.

아이는 매일 수없이 많은 선택을 한다. 먼저 하고 싶었지만 차례를 지키기로 한 결정일 수도 있고, 스스로 화를 참아낸 노력일 수도 있다. 부모가 그런 순간을 먼저 발견해 아이조차 미처 알지 못한 강점을 인정하고 끌어올려 준다면, 그 경험은 아이에게 무엇보다 큰 자산이 된다.

예를 들어 "오늘 네가 동생이 신발 신는 것을 도와줘서 엄마 마음이 뭉클했어. 사실 그런 건 잘 모를 수도 있는데, 너는 그걸 했더라. 그게 진짜 멋있는 거야"처럼 아이가 잘한 부분을 구체적으로 말해주는 것이다. 성적만 가지고 이야기하지 않고, 엄마가 나를 제대로 보고 있다는 느낌을 받을 때 아이는 그런 행동을 더 하고 싶어 한다.

공부도 마찬가지다. 점수로만 평가하는 것이 아니라 태도, 집중력, 포기하지 않고 끝까지 해낸 노력에 대해서도 정기적으로 피드백해야 한다.

일상에서도 아이를 성장시키는 기회는 얼마든지 만들 수 있다. 뉴스를 보거나 책을 읽을 때, 혹은 주변 사람에 대한 이야기를 나눌 때 이렇게 물어보자.

"저 사람의 선택이 너는 어떻게 보이니?"

정답을 알려주기보다 스스로 생각해볼 수 있는 질문이 아이 안에 기준을 만든다. 그리고 그 기준이 쉽게 흔들리지 않을 때 참 잘 컸다는 얘기를 듣는다.

아이가 얼마나 빨리 정답을 맞히는지보다, 어떤 순간에 어떤 마음을 선택하는지 바라봐주자. 바른 행동으로 얻는 가산점은 어른이 되어서도 계속 쌓이며, 그 점수는 인생을 더 깊고 따뜻하게 만든다. 세상은 숫자를 요구하는 순간이 많지만, 숫자로는 담을 수 없는 가치가 있다는 사실을 알려주는 것이 바로 부모의 역할이다. 그리고 그 가르침은 자기주도적인 아이를 완성하는 마지막 한 조각이 된다.

조급하지 않아도 괜찮다. 건강한 자존감이 있는 아이는 느려도 무너지지 않는다. 아이의 자존감은 부모의 말투와 눈빛에서 자란다. 오늘 아이에게 건네는 한마디를 조금 더 고민하고, 핸드폰을 내려놓고 눈을 맞춰보자. 믿어주는 만큼, 아이는 자기 속도로 단단하게 자라난다.

06

아빠의 존재감이 아이의 자존감을 만든다

자녀에게 가장 좋은 부모는 어떤 부모일까? 상담 문의 전화를 하거나, 아이의 손을 잡고 상담실 문을 열고 들어오는 이는 대부분 어머니다. 그래서 시간을 내어 멀리서 오는 아버지에게는 '상위 1% 아버님'이라고 이야기하곤 한다. 여전히 아빠는 '가정의 생계 책임자'로만 남아 있고, 아이와의 관계에서 한발 물러나 있는 경우가 많기 때문이다.

하지만 시대가 달라졌다. 아이가 태어나는 순간부터 부모가 함께 공동 육아를 해야 하며, 아이에게 영향을 주는 존재는 부(父)와 모(母) 두 사람 모두이기에 한쪽만 잘한다고 되는 일이 아니다. 아이는 부모라는 두 날개로 날아오를 수 있을 때 비로소 높이 비상

할 수 있다.

유대인들에게는 다음과 같은 교육 철학이 있다.

'엄마는 아이에게 따뜻한 심장을 주고, 아빠는 아이에게 방향을 알려준다.'

특히 아들은 아빠를 통해 '어떤 남자가 되어야 하는가'를 배우고, 딸은 아빠를 통해 '나를 어떻게 대우해야 하는가'를 배운다. 그래서 아빠는 아이들에게 자연스럽게 첫 번째 거울이 된다. 유대인 아버지들이 자녀와 함께 보내는 시간을 '세계관을 심는 시간'으로 여기는 이유도 여기에 있다.

유대인들은 안식일 식사 시간에 아버지가 자녀에게 축복의 기도를 건네는데, 그 순간 아이는 자신이 단순히 가족의 한 구성원을 넘어 존재 자체로서 축복받을 가치가 있음을 아버지의 목소리를 통해 확인한다. 유대인 자녀들이 어려서부터 높은 자존감을 갖는 이유 중 하나가 바로 아버지가 전하는 메시지에 있다.

우리나라에서는 오랫동안 자녀 양육이 '엄마의 몫'으로 여겨져 왔지만, 아빠의 관심과 목소리가 아이의 자아상을 형성하는 데 강력한 영향을 준다는 사실을 잊지 말아야 한다.

상담실에 온 많은 아버지들이 가장 자주 털어놓는 고민은 "이미 아내가 모든 육아 계획을 세워놔서 제가 무엇을 해야 할지 모르겠어요"라는 말이다. 아빠가 교육에서 뒤로 물러나게 되는 큰 이유

중 하나는 이 계획 안에 '나의 자리가 없다'고 느끼기 때문이다. 그러나 아이에게는 엄마가 구축한 효율적인 시스템뿐 아니라, 아빠만이 줄 수 있는 '여백과 관계'의 경험이 반드시 필요하다.

중학생이 되면 아이와 아빠가 함께 보낼 시간은 자연스럽게 줄어들고, 서로 바빠지면서 관계가 소원해지기 쉽다. 아이가 학교생활, 친구 관계, 고민 등 자신의 세계를 공유하고 싶어도, 부모의 관심이 공부에만 머물러 있으면 아이는 '내 이야기를 해봐야 의미가 없구나'라고 느끼게 된다. 아이는 받아들여지지 못한 '나의 세상'을 SNS나 게임 속에서 불특정 다수와 공유하며 공감받고 인정 욕구를 채우면서 그 세계에 점점 더 깊이 빠져들게 된다.

중학생이 되어서도 아빠와 자연스럽게 어울리는 아이들이 있지만, 그런 관계는 하루아침에 만들어지는 것이 아니라 오랫동안 축적된 시간의 결과다.

좋은 아빠란 완벽한 아빠가 아니다. 깊은 내공이 있으면서도 때로는 바보처럼 웃어넘길줄 아는 사람, 누구보다 치열하게 살아왔으면서도 "운이 좋았다"고 담담히 말할 수 있는 사람이다. 아이는 이런 아빠를 통해 진짜 '어른의 힘'이 무엇인지 배운다. 힘은 자랑이 아니라 보호를 위해 쓰는 것이고, 성취는 교만이 아니라 겸손으로 빛날 수 있다는 사실을 아빠의 모습에서 자연스럽게 배운다.

그렇다면 시기별 아빠의 역할은 무엇인지 알아보자.

초등 저학년 – 몸으로 놀아주는 친구 역할

퇴근 후 단 10분이라도 잔소리 없이 안아주고 격렬하게 노는 시간을 갖는 것만으로도 아이와의 유대감이 깊어진다. 또한 엄마가 잔소리를 할 때 아이의 편이 되어 함께 비밀을 지키는 경험도 관계를 돈독히 하는 방법이다.

초등 고학년 – 세상을 안내하는 길잡이 역할

'내 생각'이 생기기 시작하는 시기이므로 부모는 정답을 주기보다 생각의 방향을 열어주는 안내자가 되어야 한다. 일상에서 길 찾기나 물건 비교처럼 작은 의사결정을 스스로 해보게 하면, 아이는 자연스럽게 판단 능력을 키울 수 있다.

"왜 그렇게 생각했어?"와 같은 질문을 통해 아이가 스스로 근거를 갖고 관점을 넓혀가도록 돕는 것이 핵심이다.

중등 – 감정을 존중하는 조력자 역할

공부 이야기는 가급적 피하고, 아이의 관심사나 취미(게임, 연예인)를 존중하며 열린 마음을 갖는 것이 좋다. 또한 아이가 힘들어할 때는 지나치게 간섭하기보다는 책상 옆에 간식만 두는 등 신뢰의 거리를 유지하며 곁을 지켜주는 태도가 필요하다.

고등 – 아이 곁을 지켜주는 든든한 버팀목 역할

성적표보다 아이의 표정을 먼저 살피고, 부모의 솔직한 실패 경험을 나누며 삶의 지혜를 들려주는 것이 중요하다. 무엇보다 '무슨 일이 있어도 우리는 네 편이다'라는 메시지를 말도 좋지만 행동으로 전달하는 것이 아이에게 큰 힘이 된다.

내가 만난 아이들은 부모에게 상처를 받았더라도 늘 대화할 준비가 되어 있었다. 아빠와의 거리가 생기기 시작하는 중학생 이전에 많이 안아주고, 함께 놀아주며 아이의 세상에 관심을 보여야 한다. 이러한 노력은 사회에 나가 힘으로 제압당해 목소리를 잃거나, 사람들의 무관심 속에서 투명인간 같은 존재가 된 것처럼 느껴질 때도 아이의 자존감을 지켜준다. 아빠의 표정 하나, 말투 하나가 아이 마음속에 세상의 방향을 새긴다.

오늘부터 시작해도 괜찮다. 한 번 더 웃어주고, 한 번 더 안아주고, 한 번 더 대화해보자. 이런 따뜻한 시간들이 모여 아이의 마음을 지탱하는 가장 단단한 뿌리가 될 것이다.

07

오히려 학습 의욕을 떨어뜨리는 부모의 실수

부모는 아이와 하는 크고 작은 약속들을 소중히 여겨야 한다. 부모가 무심코 던진 "○○ 끝나고 맛있는 거 먹으러 가자", "주말에 자전거 타러 가자"와 같은 말은 아이에게 '나는 부모에게 특별한 존재'라는 확신을 준다. 이는 아이가 무언가를 잘하지 않아도 존재 자체가 우선순위가 될 수 있다는 경험이며, 이후 또래관계, 학습 태도, 나아가 삶의 태도에도 영향을 미친다.

상담 현장에서 만난 한 고등학생은 이렇게 말했다.

"제가 초등학생일 때 아빠가 주말마다 저와 농구하기로 약속했는데, 아빠가 미리 바쁘다고 말씀하신 날을 제외하고는 한 번도 빼먹지 않으셨어요. 그래서 저는 아빠가 하는 말은 다 믿어요."

아이의 학업 성취보다 훨씬 깊은 삶을 지탱하는 신뢰의 뿌리가 이렇게 심어지는 것이다. 이런 친구는 대부분 성적도, 성격도 좋다.

물론 약속이 항상 지켜질 수는 없다. 부모도 인간이고, 돌발 상황은 늘 존재한다. 중요한 것은 약속을 어긴 사실이 아니라 그 이후의 태도다.

"오늘 회의가 길어져서 같이 놀기로 한 시간을 못 지킬 것 같아. 대신 내일은 우리 아들과 함께 보내는 시간을 먼저 챙길게."

이처럼 부모가 상황을 솔직하게 설명하고 대안을 제시하면, 아이는 약속이 깨진 경우에도 믿음과 신뢰가 유지된다는 것을 배운다. 이 경험은 장차 인간관계에서 좌절을 회복하는 능력으로 이어진다. 신뢰는 말이 아니라, 약속이 지켜지는 반복된 경험 속에서 자란다.

엄마들이 화났을 때 흔히 말하는 "너 그럴 거면 학원 다니지 마!"라는 경고도 같은 맥락에서 중요하다. 학원은 부모가 억지로 보내는 곳이 아니라, 아이가 필요해서 주도적으로 다니는 곳이어야 한다. 아이가 학원에 다녀와서 복습조차 하지 않는다면, 굳이 학원을 계속 다닐 이유가 없다.

부모가 여러 번 경고했음에도 아이가 달라지지 않는다면 실제로 학원을 끊는 것이 맞다. 아이는 속으로 '설마 엄마가 진짜 끊겠어?' 혹은 '내가 어떻게 하든 엄마는 못 끊겠지'라고 생각하고, 이런 경험이 반복되면 부모의 행동 패턴을 읽게 된다. 점점 부모의 말은 힘을 잃고, 아이의 고집은 더 꺾기 어려워진다.

만약 "네가 주도하지 않는 공부를 할 바에는 하지 마"라고 선언하고 실제로 학원을 그만두게 하면 아이는 처음에 당황하면서도 신나서 놀겠지만, 결국 공부를 혼자 하기 어려워질 때가 오기 마련이다. 이때 아이는 '우리 엄마가 안 된다고 하면 안 되는 것이고, 엄마가 해준다고 하면 반드시 지켜진다'라는 사실을 배우게 된다.

보상에 대한 약속도 마찬가지다. 한 어머니는 아이의 시험 성적이 70점대에서 벗어나지 못하는 것이 답답해 평균 90점 이상을 받으면 아이폰을 사주기로 약속했다. 아이는 열심히 노력해서 90점을 받아왔지만, 부모는 '예전에도 충분히 받을 수 있는 점수였는데, 당근이 걸리니 이제 와서 하는 게 괘씸하다'는 이유로 약속을 지키지 않았다. 이 순간부터 아이에게 공부는 성취가 아니라 '엄마와의 배신감 드는 거래'가 되고, 공부도 하기 싫어진다.

따라서 아이에게 주는 보상은 금액이나 조건을 미리 확인하고, 반드시 부모가 지킬 수 있는 것으로 해야 한다. 강아지 알레르기가 있는데 강아지를 기르도록 허락해 주겠다거나, 과도한 게임머니를 준다는 식의 현실적이지 않거나 지킬 수 없는 약속은 장난이라도 해서는 안 된다.

이 신뢰가 깨지는 순간, 아이는 동기를 잃고 부모의 모든 말을 잔소리로 받아들이게 된다. 지금 아이가 내 말을 귀담아 듣지 않는다면, 아이를 서운하게 만든 일이나 지키지 않은 약속이 있는지 점검할 필요가 있다.

공부보다 관계가 먼저다

약속을 지키는 가정으로 재탄생하기 위한 방법 중 하나로 나는 '약속 보드'를 제안한다. 거실 벽이나 냉장고에 화이트보드를 붙이고 가족이 함께 약속을 적는다. 지켜진 약속 옆에는 별 스티커를 붙이는 간단한 방법이다. 부모도 함께 지켜야 하는 공동의 약속을 적고, 아이는 약속을 눈으로 확인할 수 있다.

물론 아이가 약속을 지키지 못할 수도 있다. 이때는 바로 혼내기보다 수정안을 함께 찾는 것이 좋다. 예를 들어 "오늘 수학 숙제를 못했구나. 그럼 내일 네가 하려던 국어 시간을 조금 줄이고 수학을 할까, 아니면 다음 수학 시간에 2배로 할까, 아니면 그냥 넘어갈까?"와 같이 선택지를 제시하면, 아이는 수동적인 존재가 아닌 주도적인 결정권자가 될 수 있다. 이때 부모가 조율자로서 아이의 선택을 지켜봐주면 아이는 심리적 안정감을 얻는다.

아이가 약속을 잘 지켰다면 그냥 넘어가지 말고, 아이의 노력을 구체적으로 인정해 성취감을 느끼게 해야 한다.

"이번 주 숙제 약속 정말 잘 지켰네! 너는 스스로 얼마나 자랑스럽니? 엄마(아빠)도 정말 기쁘고 뿌듯해."

이런 칭찬과 경험은 아이에게 '나는 약속을 지킬 수 있는 사람이구나' 하는 자기 신뢰를 심어준다. 자존감은 외부 평가가 아니라 반복되는 성공 경험 속에서 내면화되는 감정이기 때문이 다.

"공부 좀 했으면 좋겠는데, 제 말이 효과가 없어요"라고 호소하는 어머니들을 자주 만난다. '공부보다 관계가 먼저다'라는 말은 공부를 시키지 말라는 뜻이 아니다. 관계가 깨진 상태에서는 공부가 지속되기 어렵다는 의미다. 그래서 아이가 공부를 잘하기 위한 첫 단추는 학습법이 아니라 관계다. 아이가 부모를 신뢰하지 못하면 어떤 조언도 잔소리로 들리고 튕겨 나가 버린다. 반대로 관계가 단단하면, 부모의 말을 당장 행동으로 옮기지 못하더라도 천천히 마음에 스며든다.

아이와 밥을 함께 먹는 시간, 잠들기 전 짧은 대화, 주말 약속을 함께 지키는 일과 같은 일상 속에서 신뢰가 쌓인다. 아이가 부모를 '나를 믿어주는 사람', '내 이야기를 들어주는 사람'이라고 생각하면, 잔소리처럼 들릴 말도 효과가 있고 학습 방향에 대한 제안 역시 긍정적으로 받아들일 것이다.

08

결정적인 순간에 의욕과 끈기를 높여주는 법

아침에 피는 꽃이 있는가 하면, 해 질 녘에 피는 꽃도 있다. 재촉한다고 꽃이 더 빨리 피는 것이 아니고, 기다리지 않는다고 해서 더 늦게 피는 것도 아니다. 중요한 것은 '왜 아직 안 폈지?' 하고 조바심을 갖는 게 아니라 '이 꽃은 언제, 어떤 모습으로 피어나려고 기다리고 있을까?'를 생각하는 것이다.

부모는 눈에 띄는 성취나 빠른 결과를 바라며 아이가 어느 순간 '터지기'를 기대한다. 하지만 부모가 기대하는 속도와 아이의 성장 속도는 다를 수 있다.

초등 시기 부모는 비교적 마음이 너그럽다. 공부보다는 성장에 무게를 두고, '지금은 놀아도 괜찮아', '그래도 서울에 있는 대학은 가겠지'라는 믿음을 갖는다. 그러나 중학교에 들어서면 상황이 달라진다. 성적표를 받는 순간부터 조바심과 불안이 생기고, 입시 설명회를 열심히 다니고, 학원을 바꾸고, 앞서 계획을 세우게 된다.

고등학교에 이르면 부모는 비로소 겸손해진다. 부모의 마음은 학년이 올라갈수록 바뀌지만, 아이는 여전히 자기만의 속도로 나아가고 있다.

그렇다면 부모는 어떻게 아이의 속도에 맞춰야 할까? 실제로 아이들은 기질에 따라 각양각색으로 빛나고, 골든 타임도 저마다 다르다. 따라서 부모가 성급하게 조언을 하거나 시기를 놓치면 아이와 갈등이 생길 수 있다. 어떤 타이밍에 어떻게 조언을 하는 것이 효과적인지 구체적으로 살펴보자.

다혈 기질

어릴 때부터 눈에 띈다. 눈치가 빠르고, 말이 빠르며, 행동이 빠르다. 재치 있게 말하고, 발표 기회를 놓치지 않는다. 그래서 어른들로부터 "똘똘하다"라는 말을 듣는다. 하지만 이런 반짝임이 곧바로 자기 확신이나 탄탄한 실력으로 이어지지는 않는다. 열정도 빠르지만, 흥미를 잃는 것도 빠르기 때문이다. 이 아이에게 중요한 것은 '지속성'이다. 부모는 아이의 흥미가 바로 휘발되지 않도록 도와야 한다.

아이가 어떤 것에 흥미를 보이기 시작했을 때가 바로 끈기를 길러줄 수 있는 가장 좋은 타이밍이다. 예를 들어 아이가 그림에 관심을 갖기 시작했다면 왜 끌리는지 아이와 대화를 나누어보자. 이때 부모가 대학이나 취업까지 앞당겨 기대를 걸면, 아이는 부담을 느끼고 흥미를 잃을 수 있다. 중요한 것은 피어오른 관심을 금세 놓지 않게 돕는 일이다.

다혈질 아이의 부모라면 "이번에는 제발 그만두지 말고 끝까지 해"라는 말이 입에 붙어 있을 수밖에 없다. 하지만 이때는 "조금만 더 하면 그림이 완성될 것 같은데? 네가 마무리하면 엄마에게 제일 먼저 볼 기회를 줘"라고 말해 아이가 가진 마지막 에너지가 꺼지지 않도록 힘을 북돋아주는 편이 훨씬 효과적이다.

아이가 작업에 집중하는 모습을 사진으로 찍어 보여주는 것도 방법이다. "네가 집중할 때 모습이 이렇게 멋있다"라고 하면서 보여주면, 부끄러워하면서도 뿌듯해하며 집중하는 시간이 길어질 것이다.

담즙 기질

기준이 높고 승부욕이 강하다. 학교에서 경쟁 상황에 놓이면 성적이든 운동이든 빠르게 두각을 드러내면서 자신감을 보인다. 하지만 자신이 세운 기준이 너무 높아 무너지는 경우도 있다. 이 아이에게 필요한 것은 힘이 한쪽으로만 쏠리지 않도록 균형을 잡아주는 일이다. 부모는 아이의 의지를 응원하되 정서적으로 과열되지 않도록 잠시 쉬어갈 수 있는 완충 역할을 해주어야 한다.

이 아이가 뭔가를 시작하려고 할 때 이래라 저래라 조언하는 것은 피하는 것이 좋다. 아이가 목표를 달성하는 데 도움이 되지 않고, 아이도 "내가 알아서 할게"라고 말할 것이다. 상황이 진전된 후에 '왜 그렇게 생각했는지', '다시 한다면 어떤 전략이 좋을지'에 대해 아이가 직접 말해볼 수 있게 해주는 것이 효과적이다.

이 아이는 웬만해서는 잘 쉬지 않기 때문에 기운이 떨어졌을 때 "좀 쉬어"라고 말하면 죄책감을 느낄 수 있다. 대신 "다음 판에 이기려면 지금 잠시 쉬고 힘을 모아야 해"라고 말하며 쉬는 이유를 성취와 연결해주면 담즙질 아이는 최고의 휴식 시간을 보낼 수 있다.

우울 기질

꾸준한 몰입과 생각의 시간 속에서 성장한다. 혼자만의 생각이 많고 내면이 깊다. 조용하고 느려 보여도 시간이 지나면 '여기까지 생각했다고?' 싶을 정도로 성숙한 면이 있고, 천천히 결심하는 힘이 있다.

부모는 성급히 재촉하기보다 아이 안에 있는 생각의 힘을 알아보고 믿어줘야 한다. "괜찮아? 문제 있어?"라고 물어보는 것은 아이에게 빨리 상태를 보고하라는 신호처럼 들린다. 그러면 아이의 대답은 그냥 "괜찮아요"로 끝나고 만다. 대신 "요즘 네가 생각하고 있는 게 뭔지 궁금해" 또는 "언제든 말해주고 싶을 때 얘기해. 엄마는 들을 준비가 되어 있어"라고 말하면, 아이에게 확인이 아닌 초대의 언어가 된다. 마음의 여유를 가질 수 있도록 시간을 주면 아이가 먼저 말을 걸어오는데 그때가 아이 마음의 문이 열리는 순간이다.

이런 아이는 결정하는 데 에너지를 많이 쓴다. 그래서 선택지가 너무 많을 때는 "뭘 하고 싶어?"보다는 "이 중에서 하기 싫은 것을 지워 봐. 덜 부담스러운 것은 뭐야?"라고 말하며 결정의 문턱을 조금 낮춰주는 것도 방법이다.

점액 기질

쉽게 포기하지 않고, 유난스럽지 않지만 결국 해내는 아이이다. 성적의 변동도 크지 않고, 감정의 기복도 적어 겉으로는 특별히 드러나는 것이 없어 보인다.

그러나 이 아이는 눈에 띄지 않아도 '결국 해내는 힘'이 강하다. 가장 마지막에 피는 꽃처럼 고등학교 2~3학년 무렵이나 대학에서 자기만의 길을 걷기 시작한다. 부모는 이 아이에게 성급한 성과를 바라는 대신 꾸준함을 알아봐주는 응원을 해야 한다.

이 아이는 시동이 걸리기까지가 오래 걸리므로 마음의 준비가 되었을 때가 말을 건네기 가장 좋은 타이밍이다. "언제 시작할 거야?"라고 재촉하면 아예 발동이 꺼진다. 아이가 할까 말까 망설이다가 눈빛이 바뀌는 순간이 있다. 그때 "지금 시작해볼까? 엄마는 더 기다려도 돼"라고 말하면, 부담을 주지 않으면서도 가볍게 밀어줄 수 있다. 시작이 어렵지만, 시작만 하면 끝까지 간다.

점액질 아이는 주변의 '감정 온도'에 민감하다. 부모가 불안정한 기운을 풍기면 움츠러든다. 따라서 특별한 이벤트 없이 일상이 안정적이고 루틴대로 돌아갈 수 있도록 하는 것이 효과적이다.

기질의 특성으로 구분해서 설명했지만, 모든 아이가 이렇게 뚜렷하게 구분되는 것은 아니다. 아이는 한 가지 기질로만 이루어진 것이 아니며 '부모의 기질, 자라온 환경, 성별, 태어난 순서'에 따라 다양한 기질을 학습한다.

그래서 부모가 해야 할 일은 아이에게 부모의 개입과 조언이 필요한 타이밍을 '정하는 것'이 아니라 '읽는 것'이다. 아이가 강점을 발휘할 수 있는 타이밍을 기다리고, 적절한 순간에 물어보고 소통하는 것이 중요하다.

09

공부의 본질: 문제 해결 태도가 주도적인 삶을 만든다

많은 아이들이 "공부는 원래 재미없는 것이다"라는 말을 듣고 자란다. 하지만 이 말은 틀리다. 공부가 재미없는 것은 '공부를 해야 하는 이유'를 아직 찾지 못했기 때문이다.

요즘 아이들이 생각하는 공부는 오직 '성적을 잘 받기 위한 수단'으로 제한된다. 학원을 다니고, 숙제를 하고, 억지로 해내는 모든 과정에서 자신의 '왜(Why)'가 빠져 있다. 아이에게 이 지루함을 잘 버티라고 하는 것은 불이 꺼진 기계를 작동시키려는 것과 같다.

사실 가장 좋은 상황은 아이가 '내가 하고 싶은 것'을 찾는 것이다. 그것이 운동이든 건축이든 춤이든 상관없다. 아이는 그 꿈을 달성하기 위해 '지금 내가 무엇을 해야 할까?'를 역으로 살펴보고 과정을 밟아나가야 한다.

그러면 지금 하는 모든 일은 '내가 하고 싶은 일'을 위한 즐거운 과정이 될 수 있다. 어려운 문제가 생기더라도 달성하고 싶은 목표임을 알기에 밀고 나갈 수 있다.

부모는 아이가 세상에 태어난 목적이 '부모의 자랑거리가 되는 것'이 아니라, '자신만의 우주를 완성하는 일'임을 기억해야 한다. 여기서 우주를 완성하는 일은 바로 아이가 하고 싶은 것을 즐길 수 있게 하는 것이다. 아이는 그 과정에서 다음과 같은 어려움을 겪을 수 있다.

① 아직 하고 싶은 것을 찾지 못했다.
② 꿈을 찾았더라도 힘든 순간을 만나면, 쉽게 포기하고 꿈을 바꾼다.
③ 그 과정에서 자신이 잘하고 있는지, 잘못하고 있는지 구분하기 어렵다.

그래서 부모는 이 3가지를 염두에 두고, 아이에게 '세상을 사는 태도'를 가르쳐야 한다.

"공부는 재밌는 것인가?"라는 질문에 대한 답은 아이가 공부를 어떻게 받아들이느냐에 따라 달라진다. 우리가 공부를 국영수 교과로만 한정해 버리면, 아이도 부모도 공부가 버겁고 힘들게만 느껴진다. 하지만 살면서 배워야 할 모든 경험이 공부다. 친구들과 원만하게 지내는 법, 선생님께 예의 지키기, 내가 좋아하는 일을 끝까지 해보려는 노력 역시 여기에 속한다.

주말 계획이 틀어졌을 때 대안을 찾는 법, 쌀을 씻고 밥을 짓는 법, 나와 맞지 않는 사람과 거리를 두는 법, 쉽게 풀리지 않는 문제를 어떻게 접근할지 고민하는 과정도 모두 '삶을 위한 공부'다.

이렇게 보면 교과 공부는 삶과 분리된 것이 아니라, 삶의 문제를 해결하는 연습을 학교 안에서 해보는 것일 뿐이다. 어려운 수학 문제 앞에서 포기할지, 표시해두고 다시 돌아올지 아니면 도움을 청할지 고민하는 것은 목적지를 찾아가는 태도와 다르지 않다. 이 선택들이 쌓여, 아이는 결국 누가 시키지 않아도 자신의 길을 가는 사람이 될 것이다.

꿈을 향해 나아가는 아이에게

공부의 본질을 깨닫게 했다면, 이제 아이가 꿈을 찾는 과정을 도와야 한다. 아이가 꿈을 탐색하는 과정에는 부모의 균형 잡힌 시선이 필요하다.

"뭐든 가리지 않고 잘 먹네. 너는 요리사 하면 되겠네"라는 조언은 성급한 것이다. 음식 만드는 것을 좋아하는지, 먹는 것을 좋아하는지 확인하는 과정이 필요하며, 단순히 잘 먹는 것이 아니라 맛에 예민해야 한다.

같은 김치찌개를 먹더라도 "그냥 다 맛있다"고 한다면 요리사가 될 자격이 부족한 것이다. "이건 육수를 뭘로 냈을까?", "김치의 익힘 정도가 오늘은 조금 다르네"처럼 맛을 세심하게 짚어내는 아이가 요리사로 적합하다.

꿈을 선택할 때는 자신이 조금 더 구체적으로 '예민하게 반응하는 부분'이 무엇인지 살펴보게 하자. 이 예민함은 사소한 차이를 놓치지 않는 '관찰력'이 되고, 남들이 보지 못하는 '통찰력'으로 발전한다. 또한 아이가 세상에서 누구도 대체할 수 없는 자신만의 영역을 구축하는 기반이 된다.

공부의 본질을 깨닫고 꿈을 향해 나아가려는 아이에게 그다음으로 필요한 것은 '버티는 능력'이다. 무엇인가를 시작하면 끝까지 해내는 연습은 초등 시절에 필요하며, 성인이 되어서는 자신과 맞지 않는 일을 빠르게 정리할 수 있는 능력이 필요하다.

한 초등학교 선생님은 리코더나 줄넘기를 배우는 이유가 단순히 운동이나 음악을 잘하기 위한 것이 아니라, '잘 안되는 나'를 견디는 연습을 해보기 위함이라고 했다. 어릴 때는 틀리는 것이 부끄러워 금방 포기하는 경우가 많은데, 초등과 중등 시절에는 끝까지 해보는 연습이 필요하다.

매우 잘하는 것도 아니고, 그렇다고 아주 못하는 것도 아닌 애매한 자신을 견디며, 잘 되지 않는 것을 다음 날 도전하고, 그 다음 날 또 도전하면서 쉽게 포기하지 않는 법을 배운다. 아마도 아이는 학년이 올라가면서 자신이 점점 특출난 점이 없는 평범한 사람이라고 생각하게 될 날이 올 것이다. 그래서 애매했던 실력을 연습과 노력으로 극복해보는 경험은 돈 주고도 살 수 없는 소중한 경험이다.

이때 아이는 원하는 것을 성취하기 위해 '포기하지 않는 자신'을 발견하게 된다. 줄넘기나 리코더를 잘해서 대회에 나가거나 진로를 찾으라는 의미가 아니라, 인생에서 기본 중의 기본이 되는 '자기 극복의 경험'을 쌓으라는 것이다. 아이가 리코더나 줄넘기를 너무 쉽게 한다면 조금 더 노력이 필요한 종목으로 경험을 대체해줄 수 있다.

이 모든 과정에서 문제를 해결하려는 태도를 기를 수 있다. 교과 공부든 생활에서든 문제가 발생했을 때 끝까지 해결해보려는 습관과 적극적인 태도를 만들어야 한다. 이것이 중요한 이유는 사회에 나갔을 때도 그대로 적용되기 때문이다.

남이 시키는 것만 수행하는 아이와 스스로 할 일을 찾아 실행하는 아이는 사회에서 바라보는 시선이 다르다. 요즘은 시키는 일만 제대로 해도 중간 이상은 된다는 말이 나올 정도로, 시키는 것도 제대로 해내지 못하고 '왜 해야 하는지'조차 이해하지 못하는 아이들이 많다.

자기주도적 삶이란 끊임없이 자신에게 던져지는 문제를 스스로 해결하려는 태도를 갖는 것이다. 이 태도는 아이의 평생을 지켜줄 가장 단단한 방패가 된다. 부모는 잔소리를 멈추고, 아이가 자신의 삶에서 '문제 해결의 히어로'가 되도록 돕는 든든한 조력자 역할에 집중해야 한다. 아이는 틀림없이 부모의 기대 이상으로 성장할 것이다.

에필로그

나는 왜 이 아이의 부모로 태어났는가

한 아이를 제구실을 하는 사람으로 만든다는 것은, 어쩌면 부모가 된 순간부터 주어진 운명적인 임무일지도 모른다. 아이가 나이에 맞게 성장하고, 자신의 할 일을 잘 챙기며, 어디서든 인정받고 환영받는 아이가 되기를 바라는 마음은 모든 부모의 간절한 소망이다.

우리는 그 무게를 잘 알기에 사랑과 정성, 그리고 막대한 시간을 쏟아 지금까지 아이를 이끌어왔다. 진심으로 수고 많았다. 이제는 부모로서 했던 일을 한 번 되돌아보고 점검해볼 시점이다.

밥을 해주고, 학원에 데려다주고, 제때 예방접종을 맞추며, 병원에 데려가는 등의 육체적 노동은 끝이 없다. 하지만 우리의 고

단함은 여기서 그치지 않는다. 학교에서 있었던 친구와의 속상한 일을 들어주고, 아파서 찡찡대면 그 투정을 받아준다. 울고 오면 안아주고, 밥을 잘 먹지 않으면 어르고 달래서 한 입이라도 더 먹인다.

조금 더 커서 사춘기가 오면 이유 없이 째려보는 서늘한 눈빛을 견디고, '엄마는 아무것도 몰라'라는 날카로운 말을 들으며, 온갖 짜증을 묵묵히 받아주는 상황에 처하기도 한다. 부모들은 육체적인 노동보다, 이 감정을 홀로 삼켜야 하는 고독한 소모가 훨씬 힘들다고 고백한다.

여기서 우리는 자신에게 가장 근본적인 질문을 던져야 한다.

"내가 이 아이의 부모인 이유는 무엇일까? 굳이 왜 나여야만 하는가?"

사실 밥을 해주고 청소를 하는 등 육체적인 돌봄은 돈을 주고 전문가에게 맡기면 대신할 수 있는 일이다. 그렇다면 굳이 내가 왜 이 아이의 부모로서 고단한 길을 걷고 있는 것일까? 그 이유는 바로 세상 그 누구도, 돈으로도 대체할 수 없는 일을 하고 있기 때문이다.

아이가 속상해할 때 진심으로 공감해줄 수 있는 사람, 피곤한 날에도 아이의 말을 끝까지 들어줄 수 있는 사람, 말하지 않아도 아이의 숨은 마음을 읽어줄 수 있는 사람은 오직 부모뿐이다.

내 아이의 기질을 이해하고, 강점은 살리고 약점은 보완하면서 세상을 주도적으로 살아갈 수 있도록 돕는 것이 바로 내가 이 아이의 부모로 태어난 이유이자, 다른 누구도 할 수 없는 대체 불가능한 임무이다.

결국 부모가 하는 모든 일은 '사랑'이라는 두 글자로 귀결된다. 사랑은 이해타산이나 논리, 계산으로 설명될 수 없는 영역이기 때문이다. 때로는 사랑이 시간 낭비처럼 느껴지고, 감정 소모가 크며, 일방적으로 손해 보는 일처럼 여겨지기도 한다. 이득과 효율만 따진다면 도저히 시작할 수 없는 비합리적인 과정인 것은 맞다.

하지만 아이러니하게도 바로 이 모든 비효율 속에서 우리는 사람에 대해 배우고, 삶의 진정한 길을 발견하게 된다. 부모가 아이에게 기꺼이 내어주는 그 '시간 낭비'와 '감정 소모'야말로, 아이 마음에 가장 단단한 신뢰의 성을 쌓는 소중한 재료가 된다.

계산하지 않고 나의 몫을 기꺼이 내어주는 그 '손해 보는 마음'이 바로 진정한 부모의 사랑이다. 이 사랑 안에서 아이는 자신의 존재 가치를 깨닫고 주도적인 삶을 시작하게 된다. 오죽하면 아이는 부모의 젊음을 먹고 자란다고 했겠는가.

부모만이 아이에게 알려줄 수 있는 것

아이를 키우는 과정이 언제나 '사랑'만으로 가능한 것은 아님을 우리는 안다. 가끔은 고통스럽고 길을 잃을 때도 있다. 그럴 때는 잠시 핸드폰을 열어 아이의 어릴 때 사진을 꺼내 보자. 그 어떤 육아 기술보다 가장 먼저 필요한 것은 흔들리는 나 자신을 다잡는 일이다. 그때 우리는 단 한 가지 마음만으로 충분했다.

"다른 것 다 필요 없고, 건강하게만 자라다오."

그 순수한 결심을 다시 떠올리는 것만으로도, 지금 눈앞의 성적표나 짜증 섞인 아이의 태도에 흔들렸던 마음을 다시 제자리로 돌려놓을 수 있다. 엄마의 '처음 마음'이야말로, 모든 것을 포용하고 다시 시작할 수 있는 가장 강력한 회복제이다.

다시 한번 아이를 잘 키워보겠다는 숭고한 결심을 했다면, 이제 그 마음을 아이에게 전할 차례다. 그중 가장 효과적인 방법은 '아이가 가장 좋아하는 맛있는 음식'을 함께 먹으며 아이와 대화를 나누는 것이다.

이때 메뉴는 부모가 권하고 싶은 '건강식'이 아니라, 아이가 가장 좋아하는 엽기떡볶이나 치킨 등으로 시작해야 훨씬 효과적이다. 진지한 대화가 필요할수록 아이가 좋아하는 음식을 함께 먹으며 편안한 분위기를 만들자. 맛있는 음식은 마음의 긴장을 풀어주는 강력한 열쇠가 된다.

또한 어릴 때부터 하던 보드게임은 정서적 교감을 위한 훌륭한 도구가 된다. 게임을 하면서 사고력, 끈기, 승부욕 같은 학습에 필요한 역량도 자연스럽게 배우지만, 무엇보다 부모와 아이가 동등한 게임 플레이어로서 시간을 공유하며 마음을 나눌 수 있는 경험을 제공한다. 게임을 통해 웃고 떠들면서 깊은 속마음을 묻지 않아도 아이의 생각과 감정을 읽어낼 수 있다.

아이와 마음을 열고 대화하겠다는 '결심'에서 멈추지 말고, 아이가 편안함을 느낄 수 있는 환경을 만드는 세심한 노력까지 더해야 한다.

우리는 지금까지 아이에게 수없이 "알고 있는 것을 실천하는 것과 그렇지 않은 것에는 큰 차이가 있다"고 이야기했다. 그 말이 이제는 그대로 부메랑이 되어 우리에게 돌아왔다.

이제는 부모가 먼저 본을 보여야 할 때다. 책을 통해 얻은 수많은 지식과 통찰을 행동으로 옮겨보길 바란다. 부모의 간절한 마음과 행동이 아이의 삶을 지탱해주고, 먼 훗날 아이가 스스로 주도적으로 삶을 일구어 나갈 때 큰 힘이 되어줄 것이다.

세상은 아이에게 '해야 할 일'을 가르쳐 주지만, 부모만이 아이에게 '자기 자신이 누구인지' 알려줄 수 있다. 우리는 누구도 대신할 수 없는 존재로서 '내 아이의 부모'라는 필수 불가결한 이유가 있다. 이를 인지한다면 아이를 바라보는 시선이 달라지고, 양육의 목적과 방향이 명확해지며, 아이가 주도적인 삶을 살아갈 수 있도록 멋지게 서포트할 수 있을 것이다.

대한민국 부모님들, 진심으로 존경합니다.

내 아이 강점 코칭

1판 1쇄 발행 2026년 1월 26일

지은이 유두진 조소라
발행인 오영진 김진갑
발행처 (주)심야책방

책임편집 박수진
기획편집 유인경 박은화 김예은
디자인팀 김현주
마케팅 박시현 박준서 김승겸 박가영 한영은
경영지원 이혜선

출판등록 2006년 1월 11일 제313-2006-15호
주소 서울시 마포구 월드컵북로5가길 12 서교빌딩 2층
원고 투고 및 독자 문의 midnightbookstore@naver.com
전화 02-332-3310 **팩스** 02-332-7741
블로그 blog.naver.com/midnightbookstore
페이스북 www.facebook.com/tornadobook

ISBN 979-11-5873-357-5 (03370)